Hannah Arendt, Walter Benjamin, Bertolt Brecht

Serie Piper:

Hannah Arendt

Walter Benjamin
Bertolt Brecht

Zwei Essays

ISBN 3-492-00312-5
Titelnummer 312
© Hannah Arendt
© R. Piper & Co. Verlag, München 1971
Gesetzt aus der Garamond-Antiqua
Umschlag Wolfgang Dohmen
Gesamtherstellung Friedrich Pustet, Regensburg
Printed in Germany

Inhalt

Walter Benjamin 7
Bertolt Brecht 63

Walter Benjamin

I. Der Bucklige

> »Will ich in mein' Keller gehn,
> Will mein Weinlein zapfen;
> Steht ein bucklicht Männlein da,
> Tät mir'n Krug wegschnappen.
>
> Will ich in mein Küchel gehn,
> Will mein Süpplein kochen;
> Steht ein bucklicht Männlein da,
> Hat mein Töpflein brochen.«

Sehr früh, schon als Kind beim Lesen in einem Kinderbuch, hat Benjamin mit dem »Buckligen«, wie er ihn nannte, Bekanntschaft gemacht. Verse aus diesem vielleicht unheimlichsten Gedicht der an Unheimlichem so reichen Volksliedersammlung *Des Knaben Wunderhorn* hat er in den Schriften wie im Gespräch immer wieder zitiert; aber nur einmal – am Ende der *Berliner Kindheit um Neunzehnhundert*, als er den eigenen Tod antizipierend »jenes ›ganze Leben‹« in den Griff bekommen möchte, »von dem man sich erzählt, daß es vorm Blick der Sterbenden vorbeizieht« – hat er klar ausgesprochen, wer der »Bucklige« war, der ihn ein Leben lang bis in den Tod begleiten sollte und vor dem es ihm so früh schon gegraust hat. Die Mutter hätte es ihm verraten. »Ungeschickt läßt grüßen«, hatte sie wie Millionen anderer Mütter immer gesagt, wenn sich eine der unzähligen kleinen Katastrophen, welche die Kindheit durchziehen, ereignet hatte. Und das Kind weiß natürlich, was es mit diesem seltsamen Ungeschick auf sich hat und daß die Mutter vom »bucklichten Männlein« spricht, von dieser personifizierten Tücke des Objekts, die einem das Bein stellt, wenn man hinfällt, und die Gegenstände aus der Hand schlägt, wenn man etwas zerbricht. Aber erst der Erwachsene weiß, daß nicht er das Männlein – als sei er der Knabe, der auszog, das Gruseln zu lernen –, sondern das Männlein ihn »angesehen hatte« und daß das Ungeschick ein Mißgeschick war. Denn »wen dieses Männlein ansieht, gibt nicht acht. Nicht auf sich selbst und auf das Männlein auch nicht. Er steht verstört vor einem Scherbenhaufen«.

Benjamins Leben, das jetzt auf Grund der zweibändigen Briefausgabe in großen Zügen übersehbar ist, könnte man ohne Schwierigkeiten als eine Folge von solchen Scherbenhaufen erzählen, und es ist kaum eine Frage, daß er selbst es so gesehen hat. Gerade dadurch ist es trotz mancher Absonderlichkeit im Einzelnen ein so reines Zeugnis für die finsteren Zeiten und Länder des Jahrhunderts, wie das Werk, das mit so viel Verzweiflung diesem Leben abgezwungen wurde, paradigmatisch bleiben wird für die geistige Situation der Zeit. Gewiß, nicht zu Unrecht sagen die Glücklichen: »Wie sich Verdienst und Glück verketten, das fällt den Toren niemals ein«; nur vergessen sie hinzuzufügen, daß den Toren auch noch niemals eingefallen ist, daß sich Verdienst, Ungeschick und Mißgeschick so eng verketten können, als hätten sie einen dreistimmigen Wechselgesang angestimmt, dessen Refrain dann um des Verdienstes willen nicht anders lauten kann als die letzten beiden Zeilen des alten Liedes, mit denen Benjamin denn auch die Erinnerungen an die Kindheit beschließt:

»Liebes Kindlein, ach, ich bitt,
Bet fürs bucklicht Männlein mit.«

Niemand hat dies Zusammenspiel, den Ort, »wo Schwäche und Genie ... nur noch eins sind«, besser gekannt als Benjamin, der ihn so meisterhaft in Proust diagnostizierte. Wer ihn gekannt hat, wird sich schwer des Eindrucks erwehren können, daß er von sich selbst sprach, als er mit so tiefem Einverständnis Jacques Rivière zitierend von Proust sagte, er sei »an derselben Unerfahrenheit gestorben, die ihm erlaubt hat, sein Werk zu schreiben. Er ist gestorben aus Weltfremdheit ..., weil er nicht wußte, wie man Feuer macht, wie man ein Fenster öffnet.« Auch Benjamin verstand sich auf nichts weniger als darauf, »Lebensbedingungen, die für ihn vernichtend geworden waren«, zu ändern, und sein Ungeschick leitete ihn mit einer nachtwandlerisch anmutenden

Präzision jeweils an den Ort, an dem das Zentrum eines Mißgeschicks sich befand oder doch wenigstens befinden konnte. So beschloß er z. B. im Winter 1939/40 wegen der Bombengefahr sich aus Paris in Sicherheit zu bringen. Nun ist bekanntlich auf Paris nie eine Bombe gefallen; aber Meaux, der Ort, an den er sich begab, war ein Truppensammelplatz und wohl einer der sehr wenigen Plätze in Frankreich, die in jenen Monaten des »drôle de guerre« ernsthaft gefährdet waren.

Wie eng sich Verdienst und Begabung mit solchem Un- und Mißgeschick von vornherein verketteten, läßt sich vielleicht am besten an dem ersten reinen Glücksfall illustrieren, mit dem Benjamins öffentliche Laufbahn als Schriftsteller ihren Anfang nahm. Dies war die Veröffentlichung des Essays *Goethes Wahlverwandtschaften* in Hofmannsthals »Neuen Deutschen Beiträgen« im Jahre 1924/25, die durch die Vermittlung eines Freundes zustande kam. Diese Studie, ein Meisterwerk deutscher Prosa und innerhalb der deutschen Literaturkritik wie der einschlägigen Goetheliteratur bis heute von einzigartigem Rang, war bereits mehrere Male abgelehnt worden, und die begeisterte Anerkennung durch Hofmannsthal kam in einem Augenblick, da Benjamin schon fast daran verzweifelte, »sie an den Mann zu bringen«. Sie kam zudem im Jahre 1923, als die Inflation, welche das deutsche Bürgertum enteignete, ihren Höhepunkt erreicht hatte und Benjamin zum ersten Male mit dem finanziellen Elend sich konfrontiert sah, das dann für sein gesamtes weiteres Leben entscheidend bleiben sollte. »Manchmal denke ich«, schrieb er damals einem Freund, »die ›Nacht, da niemand wirken kann‹, ist schon eingebrochen.« Wäre es damals in Deutschland mit rechten Dingen zugegangen, so hätte ihn die Arbeit berühmt machen und ihm überall, in den Universitäten, den Zeitschriften und Verlagen, Tür und Tor öffnen müssen; und das Wenige, was er damals erreichte, die Publikation der *Einbahnstraße* und des *Ursprung des deutschen Trauerspiels* (von dem Hofmannsthal einen Teilabdruck gebracht hatte) im Rowohlt-Verlag, hat er auch indirekt diesem Glücksfall verdankt. Verdankt hat er der Veröffentlichung vor allem auch, daß er immerhin dem kleinen deutschen und deutsch-jüdischen Lesepublikum bekannt wurde, das, ohne an Cliquen gebunden zu sein, von Literatur wirklich etwas verstand und dem die »Neuen Deutschen Beiträge«, diese in der Tat »bei weitem exklusivste der hiesigen Zeitschriften«, etwas zu bieten hatten. Wie erschreckend klein der Kreis war, kommt einem erneut zu Bewußtsein, wenn man jetzt erfährt, daß selbst Erwin Panofsky, dem Hofmannsthal ein Exemplar mit Benjamins Beitrag zugeschickt hatte, mit einem »kühlen, ressentimentgeladenen Antwortbrief« reagierte. Dennoch scheint mir dieser Ruf doch etwas mehr zu sein, etwas solider als »die esoterische Flüsterkampagne« der Freunde, von der Gerhard Scholem spricht (in der *Leo Baeck Memorial Lecture*, 1955, S. 5); solider auch als der von Benjamin selbst und seiner Neigung zur Geheimniskrämerei erzeugte Nimbus um seinen Namen.

Wesentlicher als all dies, vor allem charakteristischer für die seltsame Konfiguration von »Schicksal und Charakter« (über die er sich in einem sehr frühen Aufsatz ausgesprochen hatte) in diesem Leben ist das offenbar undurchschaute Mißgeschick, das diesem einzigen Glücksfall anhaftete und unter den damaligen Umständen unweigerlich anhaften mußte. Die einzige materielle Sicherheit, zu der dieser erste Durchbruch in die Öffentlichkeit hätte führen können, war die Habilitation, die Benjamin auch bereits anstrebte. Sie hätte ihm zwar unmittelbar auch kein Auskommen gesichert, aber sie hätte seinen Vater wohl dazu bewogen, ihn, wie dies damals üblich war, bis zur Erlangung der Professur zu unterstützen. (Daß er eine solche Professur mit all den damit verbundenen Verpflichtungen nicht wirklich wollte – »Vor fast allem, was mit dem glücklichen Ausgang gegeben wäre, graut mir«, »die altfränkische Postreise über die Stationen der hiesigen Universität ist nicht mein Weg« – steht auf einem anderen Blatt. Er hatte schon sehr unwillig sich zur Dissertation entschlossen, da er das Doktorat für einen Zweck hielt, »der fürwahr die Mittel *nicht* heiligt«.) Es ist im Nachhinein schwer zu verstehen, wie er und seine Freunde je daran haben zweifeln können, daß eine Habilitation bei einem »normalen« Universitätsprofessor nur mit einer Katastrophe enden konnte. Wenn die zuständigen Herren später erklärten, sie hätten von der eingereichten Arbeit über das deutsche Trauerspiel im Barock nicht ein Wort verstanden, so darf man ihnen das getrost glauben. Wie hätten sie denn einen Autor verstehen können, dessen größter Stolz es war, daß das »Geschriebene fast ganz aus Zitaten besteht – »die tollste Mosaiktechnik, die man sich denken kann« –, und der das größte Gewicht auf die der Arbeit vorangestellten sechs Mottos legte, »wie sie kostbarer und rarer ... keiner versammeln könnte«. Es war, als ob ein wirklicher Meister einen einzigartigen Gegenstand angefertigt hätte, um ihn dann im nächsten Einheitspreisgeschäft zum Verkauf anzubieten. Da brauchten nun wahrlich weder Antisemitismus noch schlechter Wille gegenüber dem Zugereisten – Benjamin hatte in der Schweiz während des Krieges promoviert und war keines Mannes Schüler – noch schließlich das übliche akademische Mißtrauen gegen alles, was nicht garantiert mittelmäßig ist, im Spiele gewesen zu sein; wenn ich nicht irre, ist die Arbeit bis auf den heutigen Tag in keiner deutschen Fachzeitschrift besprochen worden. Auch die Empfehlung Hofmannsthals, dem die Wiener Universität ebenfalls einen Universitätsgrad verweigert hatte, dürfte auf diese Herren keinen großen Eindruck gemacht haben; gerade mit ihrer Bildung, auf die man sich natürlich viel einbildete, war es nun schon seit langem nicht sehr weit her.

Nun gab es aber, und hier kommt das Un- und Mißgeschick ins Spiel, im damaligen Deutschland eine andere Möglichkeit, und um diese einzige Chance für eine Universitätskarriere hat sich Benjamin gerade durch den Wahlverwandtschaftsaufsatz gebracht. Dieser nämlich ist, wie das oft bei ihm der Fall war, von einer Polemik inspiriert, deren Objekt das Goethe-Buch von Gundolf war. Benjamins Kritik war endgültig, und sie wäre vernichtend gewesen, wenn in der »abscheulichen Öde dieses offiziellen und inoffiziellen Betriebs« sich überhaupt noch etwas hätte zur Geltung bringen können. Dennoch hätte gerade er bei Gundolf und anderen Mitgliedern des George-Kreises, dessen Vorstellungswelt ihm zudem aus seiner Jugend sehr vertraut war, auf mehr Verständnis rechnen können als bei den »Offiziellen«; und um sich bei einem von ihnen, die damals gerade anfingen, sich in der akademischen Welt halbwegs häuslich einzurichten, zu habilitieren, hätte er wohl auch nicht zum Kreise zu gehören brauchen.

Er hätte nur nicht den prominentesten und damals auch fähigsten Vertreter Georges an den Universitäten so fulminant angreifen dürfen, daß ein jeder wissen mußte: Benjamin hatte – wie er später rückblickend erklärte – von eh und je »mit dem was die akademische Richtung geleistet hat, ... genau so wenig zu schaffen wie mit den Monumenten, die ein Gundolf oder Bertram aufgerichtet haben«. Ja, so war es. Und sein Ungeschick oder Mißgeschick war es, dies *vor* der Habilitation aller Welt bekanntgegeben zu haben.

Dabei kann man durchaus nicht sagen, daß er es bewußt an der gebührenden Vorsicht habe fehlen lassen. Im Gegenteil. Er wußte, »Ungeschickt läßt grüßen«, und ergriff mehr Vorsichtsmaßnahmen als irgendein anderer Mensch, den ich kenne, war auch durchaus zum Nachgeben selbst in für ihn sehr wichtigen Fragen immer bereit. (Dafür geben die Briefe zahlreiche Anhaltspunkte: von dem Verhalten zu seiner Familie bis zu den letzten, für ihn tödlich ernsten Konflikten mit dem Institut für Sozialforschung, von dem sein Lebensunterhalt in dauernder Ungewißheit abhing. Wenn er im April 1939 schreibt, er lebe »in Erwartung einer über mich hereinbrechenden Unglücksbotschaft«, so meinte er damit nicht den kommenden Krieg, sondern die Nachricht, das Institut würde ihm die monatliche Rente nicht mehr zahlen. Ernst Bloch ist sehr zu recht bei der Nachricht von Benjamins Selbstmord ein Satz von ihm eingefallen: »Über einen Toten erst recht hat niemand Gewalt!«) Aber sein System von Vorsichtsmaßnahmen, zu dem auch die von Scholem erwähnte »chinesische Höflichkeit« gehörte, ging auf eine merkwürdige und geheimnisvolle Weise an den wirklichen Gefahren immer vorbei. Denn so wie er aus dem sicheren Paris zu Beginn des Krieges nach vorne in das gefährdete Meaux, gleichsam an die Front, flüchtete, so machte er sich bei dem Wahlverwandtschaftsaufsatz die völlig überflüssige Sorge, Hofmannsthal könnte ihm eine sehr vorsichtige kritische Bemerkung über Rudolf Borchardt, einen Hauptmitarbeiter der Zeitschrift, verübeln, versprach sich aber nur Gutes davon, für den »Angriff auf die Ideologie der Schule von George ... diesen einzigen Ort« gefunden zu haben, an dem »es ihr schwer fallen sollte, die Invektive zu ignorieren.«

Es fiel ihr gar nicht schwer. Denn wenn es je einen ganz und gar Vereinzelten gegeben hat, so war es Benjamin. Daran konnte auch die Autorität Hofmannsthals, des »neuen Patrons«, wie er ihn im ersten Glücksrausch nannte, nichts ändern. Sie fiel kaum ins Gewicht, wenn man sich mit einem »Kreis«, also mit einer Machtgruppe, angelegt hatte, in der wie bei allen solchen Gebilden nichts als die weltanschauliche Bindung den Ausschlag gibt, da ja nur das Ideologische, nicht aber Rang und Qualität, eine Gruppe zusammenhalten kann. Das Einmaleins der Literaturpolitik war den George-Jüngern bei aller Vornehmtuerei gegenüber der Tagespolitik ebenso vertraut wie den Professoren das Einmaleins der Universitätspolitik und den Literaten und Journalisten das Abc des »Eine Hand wäscht die andere«.

Benjamin aber wußte gar nicht Bescheid. Er hat sich in diesen Dingen nie ausgekannt, hat sich unter diesen Menschen nie bewegen können, auch nicht, als »die Widrigkeiten des äußern Lebens, die manchmal wie Wölfe von allen Seiten kommen«, ihm bereits einige Einsicht in den sogenannten Lauf der Welt vermittelt hatten. Sein Engagement für den Marxismus, das ihn Mitte der zwanziger Jahre um ein Haar in die kommunistische Partei geführt hätte, hatte zweifellos einiges mit dieser Einsicht zu tun; und noch zweifelloser ist, daß die wenigen Erfolge, »die Siege im Kleinen«, denen »die Niederlagen im Großen« immer entsprachen, diesem Engagement geschuldet waren. Gewiß, da war kaum etwas, was ihn zu der Hoffnung auf die »Stellung als einziger echter Kritiker der deutschen Literatur« (wie Scholem in einem der wenigen veröffentlichten und sehr schönen Briefe an den Freund meinte[1] berechtigen konnte; aber es brachte ihm immerhin die Mitarbeit an der »Frankfurter Zeitung«, deren Feuilleton damals links gestimmt war, und an der »Literarischen Welt« ein, vor allem natürlich die Freundschaft mit Brecht und

---

[1] Es scheint, daß der Briefwechsel zwischen Benjamin und Scholem vollständig erhalten ist. Scholem besitzt natürlich Benjamins Briefe, und Scholems Briefe sollen sich im Archiv in Potsdam befinden. Eine vollständige und gesonderte Veröffentlichung dieser über mehr als drei Jahrzehnte kontinuierlich geführten Korrespondenz wäre sehr zu begrüßen, da sie, nach den veröffentlichten Briefen zu urteilen, wohl zu den in der Literatur sehr seltenen Dokumenten einer wirklichen Männerfreundschaft gehört.

die Bindung an das Institut für Sozialwissenschaften, die materiell schließlich ausschlaggebend wurde. Aber auch hier, wo er so viel geistig und menschlich investiert hatte, stellte es sich schnell heraus, daß er es keinem recht machen konnte. Nicht, daß irgend etwas passierte, wenn er offen gegen den Stachel löckte und bewußt aus der Clique heraussprang wie im Fall der entschiedenen Stellungnahme für Max Kommerell, den früh verstorbenen, aus dem Georgekreis stammenden »Widersacher«, der im deutschen Sprachraum bis heute der einzige geblieben ist, dessen »Genauigkeit und Kühnheit des Blicks« man Benjamin an die Seite stellen könnte[2]. Dieser Seitensprung hat ihm nichts geschadet, und die beiden Besprechungen von Kommerells Büchern sind in die erste posthume Ausgabe von Benjamins Schriften, in denen sowohl der große Essay über den Surrealismus wie die erste Baudelaire-Arbeit fehlten, aufgenommen worden. Aber wenn er etwas recht machen wollte, um irgendwo, irgendwie Boden unter die Füße zu bekommen, so ging es sicher schief.

Eine größere Arbeit »über Goethe vom Standpunkt der marxistischen Doktrin« ist weder zu Lebzeiten (in der Großen Russischen Enzyklopädie, für die sie bestimmt war) gedruckt noch in der Ausgabe der *Schriften* aufgenommen worden. Klaus Mann, der für »Die Sammlung« eine Anzeige von Brechts *Dreigroschenroman* bestellt hatte, schickte das Manuskript zurück, weil Benjamin dafür 250 französische Francs verlangt hatte und er nur 150 zahlen wollte. Die Kommentare zu den Gedichten von Brecht sind zu Lebzeiten nie erschienen. Und mit dem Institut für Sozialforschung kam es zu den größten Schwierigkeiten, weil man dort der Meinung war, daß er »undialektisch« denke. Woraufhin er

2 Die Unbestechlichkeit von Benjamins Urteil, die letztlich unantastbare Unabhängigkeit seiner Person sind vielfach zu belegen. Nirgends erweisen sie sich überzeugender und großzügiger als in der Empfehlung eines Autors, von dessen gewissermaßen edelfaschistischer Gesinnung er sich nicht nur »entscheidend geschieden sieht«, sondern der ihm auch in dem oft bombastischen Stil der frühen Werke, die er allein kannte, sehr gegen den Geschmack gegangen sein muß. Dem Freund in den Rücken zu fallen (»Wer nie am Bruder den Fleck für den Dolchstoß ermaß / Wie arm ist sein Leben und wie dünn das Gedachte«, wie George meinte), entsprach durchaus der Stimmung der Zeit; aber den Widersacher zu ehren, das war gerade in Deutschland, wo es eine Solidarität der Geistigen, wie sie etwa die Ecole Normale in Frankreich heranbildet, nie gegeben hat, so gut wie unbekannt.

den ersten Baudelaire-Essay – »Das Paris des Second Empire bei Baudelaire«, der dann das Schicksal so vieler Benjaminscher Arbeiten teilte, nicht veröffentlicht zu werden – erst einmal so schrieb, wie er sich eine dialektisch-materialistische Arbeit vorstellte, indem er nämlich, wie Adorno kritisch bemerkte, »einzelne sinnfällige Züge aus dem Bereich des Überbaus ›materialistisch‹« so wendete, daß man »sie zu entsprechenden Zügen des Unterbaus unvermittelt und wohl gar kausal in Beziehung setzt«. Dies trug ihm von Adorno nicht nur den Vorwurf ein, daß es seiner »Dialektik an ... der Vermittlung« gebräche, sondern auch, daß er sich seine »kühnsten und fruchtbarsten Gedanken unter einer Art Vorzensur nach materialistischen Kategorien (die keineswegs mit den marxistischen koinzidieren) verboten« habe. Dies nun lief genau auf das hinaus, was Scholem seit Jahren sehr viel allgemeiner und aus der unvergleichlichen Nähe der Freundschaft gegen Benjamin vorgebracht hatte: daß er nämlich einem »selten intensiven Selbstbetrug« zum Opfer falle, wenn er meine, auf dialektisch-materialistische Weise seine Einsichten zu gewinnen; vielmehr seien diese entweder »vollständig unabhängig davon (bestenfalls), oder (schlechtestenfalls ...) durch ein Spielen mit den Zweideutigkeiten und Interferenzerscheinungen dieser Methode« entstanden. Nur daß Scholem Benjamin zurück zur Metaphysik und zum Judentum, Adorno dagegen in die wahre Dialektik des Marxismus zu geleiten wünschte. Und was den Baudelaire-Text anlangt, den Benjamin in »einer Anspannung, der ich nicht leicht eine frühere literarische bei mir vergleichen könnte«, verfaßt und der in ihm ein »Gefühl des Triumphes« hinterlassen hatte, so waren sich die beiden an den entgegengesetzten Polen seiner Existenz stehenden Freunde – der eine Marxist, der andere Zionist – auch einig, und dies leider in einem für Benjamin weder materialistisch noch idealistisch, wohl aber materiell und finanziell katastrophal entscheidenden Augenblick. Sie waren der Meinung, daß Benjamin auf eine ihnen unbegreifliche Weise aufgehört habe, tief zu denken; denn hierauf laufen die natürlich sehr viel komplizierter formulierten Vorwürfe eigentlich hinaus. Dies Abgleiten war nach Scholem dem Marxismus, nach Adorno dem Vulgärmarxismus geschuldet; veranlaßt aber war es, und auch hierin waren die beiden sich auf eine bedrückende Weise einig, von dem schlechten Einfluß, den die Freundschaft mit Brecht auf ihn habe[3].

Das war ein Mißverständnis in mancherlei Hinsicht. Aber daß der Name Brechts in diesem Zusammenhang überhaupt auftaucht, bzw. die einfache Tatsache zur Sprache kommt, daß Brecht für Benjamin in dem letzten Jahrzehnt seines Lebens, vor allem in der Pariser Emigration, der wichtigste Mensch war, berührt in der Tat das Wesentliche dieses Konflikts. Wie immer die Freunde Brecht einschätzen mochten, er war ein Dichter und kein Philosoph; und wenn Benjamin schrieb, daß »das Einverständnis mit der Produktion von Brecht einen der wichtigsten und bewehrtesten Punkte meiner gesamten Position darstellt«, so wies er deutlich darauf hin, daß ihm an jener Philosophie oder Metaphysik oder auch Theologie, welche die Freunde von ihm verlangten und an deren Maßstab sie seine Produktion maßen und verwarfen, nicht sehr viel gelegen war[4]. Und auch was jene Tiefe anlangt, die damals in Deutschland zum guten Ton gehörte und oft mit Geheimniskrämerei eine verzweifelte Ähnlichkeit hatte, dürfte er wohl mit Brecht einverstanden gewesen sein, als er ihm riet, diesen »Unfug ... beiseite [zu] lassen. Mit der Tiefe

---

[3] Dies haben beide bestätigt, Scholem in der *Leo Baeck Memorial Lecture* (1965), in der er erklärte: »I am inclined to consider Brecht's influence on Benjamin's output in the thirties baleful, and in some respects disastrous«; und Adorno in einer Äußerung an seinen Schüler Rolf Tiedemann, derzufolge Benjamin ihm zugestanden habe, er hätte »den Kunstwerk-Aufsatz [geschrieben], um Brecht, vor dem er sich fürchtete, an Radikalismus zu überbieten.« (Zitiert bei Tiedemann, *Studien zur Philosophie Walter Benjamins*, Europäische Verlagsanstalt, Frankfurt 1965, S. 89.) Daß Benjamin gesagt hat, er fürchte sich vor Brecht, ist unwahrscheinlich, wohl auch von Adorno nicht behauptet; was aber die übrige Bemerkung angeht, so ist leider nur zu wahrscheinlich, daß Benjamin sie gemacht hat, weil er sich vor Adornos Kritik fürchtete. Denn er hatte zwar eine große Scheu im Umgang mit Menschen, die er nicht seit seiner Jugend kannte, aber gefürchtet hat er sich immer nur vor solchen, von denen er abhängig war. Eine solche Abhängigkeit von Brecht hätte sich nur ergeben, wenn er dessen Anregung, aus Paris nach dem erheblich billigeren Dänemark in seine unmittelbare Nähe überzusiedeln, gefolgt wäre. Gegen ein solches ausschließliches »Angewiesensein auf einen Menschen« im fremden Land mit einer »ganz unbekannten Sprache« hatte er dann in der Tat schwere Bedenken (s. Briefe, Bd. II, S. 596, 599).

[4] Sollte die Strophe in Scholems Kafka-Gedicht: »Schier vollendet bis zum Dache / ist der große Weltbetrug. / Gib denn, Gott, daß der erwache, / den dein Nichts durchschlug«, nicht an Benjamin gerichtet sein? (s. Briefe, Bd. II, S. 611.)

kommt man nicht vorwärts. Die Tiefe ist eine Dimension für sich, eben Tiefe – worin dann gar nichts zum Vorschein kommt.«[5]

Das Mißverständnis reicht aber tiefer. Sieht man sich in Benjamins Schriften aus der vormarxistischen Periode um, so fällt bald auf, daß dem sogenannten Einfluß Brechts ein anderer, vermutlich entscheidenderer vorangegangen war: der Einfluß Goethes nämlich, also auch eines Dichters, in dessen Denken die Vorstellung vom »Urphänomen« bekanntlich im Zentrum steht. Das Urphänomen aber ist keine Idee, aus der sich eine philosophische oder theologische Theorie entwickeln ließe. Es ist vielmehr ein konkret und »materiell« Auffindbares, in dem Bedeutung (dies goetheschste aller Worte kehrt bei Benjamin immer wieder) und Aussehen oder Erscheinung, Wort und Ding, Idee und Erfahrung zusammenfallen. Einem solchen Urphänomen war er in dem unvollendet gebliebenen Hauptwerk über das neunzehnte Jahrhundert, in dem er eigentlich zuhause war, auf der Spur. Es ging ihm um das Urphänomen der Geschichte, und wenn er von der »Urgeschichte des neunzehnten Jahrhunderts« spricht, so meint er damit eine Darstellung, in der dieses Jahrhundert als »originäre Form der Urgeschichte« überhaupt sich erweisen, aus ihm »das urgeschichtliche Moment im Vergangenen« herauspräpariert werden sollte. Dies wiederum schien ihm möglich, weil der Zusammenbruch der Tradition die »urgeschichtlichen Momente« in aller Geschichte freigelegt hatte, da sie nun nicht mehr durch Bindung an »Kirche und Familie verdeckt [waren]. Der alte prähistorische Schauer umwittert schon die Umwelt unserer Eltern, weil wir durch Tradition nicht mehr an sie gebunden sind«.[6] *Die Philosophie Walter Benjamins* – damit erweist man ihm keine Ehre; er hat, obwohl er Philosophie studiert hatte, von ihr genau so gering gedacht wie Goethe. Unter den vier angefangenen und nie vollendeten Büchern, die er kurz vor der Hitlerkatastrophe aufzählt und schon damals als »die eigentliche Trümmer- oder Katastrophenstätte« bezeichnet, »von der ich keine Grenze absehen kann« – den *Pariser Passagen*, den *Gesammelten Essays zur Literatur*, den *Briefen* und einem Buch *Über das Haschisch* –, ist

---

5 In Benjamins *Versuche über Brecht*, Suhrkamp 1966, S. 122.
6 Zitiert bei Tiedemann (S. 123) aus dem Passagen-Manuskript.

nicht eines, das in irgendeinem Sinne philosophisch oder theoretisch zu nennen wäre[7].

Benjamin dürfte wohl der seltsamste Marxist gewesen sein, den diese an Seltsamkeiten nicht arme Bewegung hervorgebracht hat. Was ihn theoretisch daran faszinieren mußte, war die von Marx ja nur flüchtig skizzierte Lehre vom Überbau, die dann eine ganz unverhältnismäßig große Rolle in der Bewegung gespielt hat, weil eine so unverhältnismäßig große Zahl von Intellektuellen, also Leute, die nur am Überbau interessiert waren, sich ihr anschlossen. Wollte man die Sache ernsthaft diskutieren, so müßte man einerseits auf Hegel zurückgehen, andererseits die geschichtlichen Zusammenhänge aufweisen, die bei Marx offensichtlich Modell gestanden haben. Dies ist hier ganz überflüssig; denn für Benjamin, der diese Lehre nur als heuristisch-methodische Anregung benutzte, blieben die historischen wie die sachlich-philosophischen Hintergründe ohne Belang. Was ihn an der Sache faszinierte, war, grob gesprochen, daß das Geistige und seine materielle Erscheinung sich miteinander verschwisterten – und zwar so innig, daß es erlaubt schien, überall Entsprechungen, »correspondances«, zu entdecken, die sich gegenseitig erhellten und illuminierten, wenn man sie nur richtig einander zuordnete, so daß sie schließlich keines deutend-erklärenden Kommentars mehr bedurften. Es ging ihm um das Zusammengehören von einer Straßenszene, einer Börsenspekulation, einem Gedicht, einem Gedanken, um den verborgenen Duktus, der sie zusammenhält und an dem der Historiker oder der Philologe erkennt, daß sie alle dem gleichen Zeitraum zuzurechnen sind. Was Adorno kritisch beanstandete, die »staunende Darstellung der Faktizität« – das war es in der Tat, und Benjamin hatte ganz recht, dies

---

7 Der einzig streng philosophische Text von Bedeutung – nach den Jugendversuchen – sind die erkenntniskritischen Seiten in der Vorrede zum *Ursprung des deutschen Trauerspiels*. Er spricht dann später, im Jahre 1930, von der Notwendigkeit einer ähnlichen Vorrede für die Passagen-Arbeit, um sie geschichtsphilosophisch abzusichern, und von dem Vorsatz, sich ernstlich mit Marx und Hegel zu beschäftigen. In den Briefen und den veröffentlichten Schriften findet sich keine Spur einer solchen Beschäftigung, es sei denn, man wollte einer flüchtigen Notiz aus dem Jahre 1938, Brecht habe ihn bei der Lektüre des »Kapitals« angetroffen, ernstliche Bedeutung zumessen (*Versuche über Brecht*, S. 132).

als »echt philologische Haltung« zu verteidigen. Echt philologisch, wenn auch natürlich stark vom Surrealismus beeinflußt, war auch der »Versuch, das Bild der Geschichte in den unscheinbarsten Fixierungen des Daseins, seinen Abfällen gleichsam festzuhalten«. Benjamin hatte eine Passion für kleine und kleinste Dinge – Scholem berichtet in der *Leo Baeck Memorial Lecture* (S. 9) von dem Ehrgeiz, hundert Zeilen auf eine normale Notizbuchseite hinzukriegen, und der Bewunderung für die beiden Weizenkörner in der jüdischen Abteilung des Musée Cluny, »on which a kindred soul had inscribed the complete Shema Israel« –, und für ihn stand die Größe eines Gegenstandes in umgekehrtem Verhältnis zu seiner Bedeutung. Aber auch diese Passion ist mehr als eine Schrulle; sie ist der Vorstellung von einem »Urphänomen« nahe verwandt. Hinter beiden steht keine »Idee«, sondern das durch die Reflexion gegangene Staunen vor der Faktizität des Samenkornes, diesem Winzigsten, aus dem alles entsteht und mit dessen konzentriertester »Bedeutung« nichts es aufnehmen kann, was aus ihm sich entwickelt.

In der »Erkenntniskritischen Vorrede« zum *Ursprung des deutschen Trauerspiels* spricht Benjamin von dem »Ursprungsphänomen« als einer konkret aufweisbaren »Gestalt, unter welcher immer wieder eine Idee mit der geschichtlichen Welt sich auseinandersetzt, bis sie in der Totalität ihrer Geschichte vollendet daliegt«. Gegenstände, die solch ein »Ursprungssiegel« an sich tragen, sind »echt«, und dieses »Echte – jenes Ursprungssiegel in den Phänomenen – ist Gegenstand der Entdeckung, einer Entdeckung, die in einzigartiger Weise sich mit dem Wiedererkennen verbindet. Im Singulärsten und Verschrobensten der Phänomene ... vermag Entdeckung es zutage zu fördern.« Die »Wissenschaft vom Ursprung« hat die Aufgabe, »aus den entlegenen Extremen, den scheinbaren Exzessen der Entwicklung, die Konfiguration der Idee« als einer »Totalität« heraustreten zu lassen. Daß dieser Begriff der Echtheit aus den Erfahrungen der Kunstwissenschaft und der Philologie gewonnen ist, scheint mir offensichtlich, wenn auch Benjamin selbst damals noch die »Wissenschaft vom Ursprung« eine »philosophische Geschichte« nennt; denn die Vorstellung, daß »Wesenszusammenhänge bleiben was sie sind, auch wenn sie sich in der Welt der Fakten rein nicht ausprägen«, gilt Benjamin, der sich gegen das Hegelsche ›Desto schlimmer für die Tatsachen‹ wendet, als der eigentliche Sündenfall aller Philosophie, nicht nur des deutschen Idealismus, der das »Kernstück der Ursprungsidee preisgegeben hat«. Mit anderen Worten, was Benjamin von Anfang an zutiefst faszinierte, war nie ein Gedanke, immer eine Erscheinung. »An allem, was mit Grund schön genannt wird, wirkt paradox, daß es erscheint«, schrieb er in der *Einbahnstraße*, und dies Paradox, oder einfacher: das Wunder der Erscheinung, steht immer im Zentrum aller seiner Bemühungen.

Es war also nicht der Marxismus, der Benjamin von der Philosophie abbrachte. Er hat die Positionen, die er mit dem Wahlverwandtschaftsaufsatz und in der Vorrede zu der Arbeit über das Trauerspiel bezogen hatte, im Grunde niemals aufgegeben. So schreibt er etwa noch im Jahre 1938, daß die Komposition der Baudelaire-Arbeit »in der Wahlverwandtschaft ihr Vorbild haben wird«. Wie wenig seine späteren Arbeiten mit Marxismus oder dialektischem Materialismus zu tun haben, dürfte schon daraus erhellen, daß der Flaneur ihre zentrale Figur wurde. Es ist der Flaneur, der in den Großstädten durch die Menge in betontem Gegensatz zu ihrem hastigen, zielstrebigen Treiben ziellos dahinschlendert, dem die Dinge sich in ihrer geheimen Bedeutung enthüllen, an dem »das wahre Bild der Vergangenheit vorbeihuscht« und der in der Erinnerung das Vorbeigehuschte um sich versammelt. Adorno hat im Vorwort zu den *Schriften* mit großer Treffsicherheit auf das statische Element in Benjamin hingewiesen: »Man versteht Benjamin nur dann richtig, wenn man den Umschlag äußerster Bewegtheit in ein Statisches, ja die statische Vorstellung von der Bewegung selber, hinter jedem seiner Sätze spürt.« Nichts natürlich könnte »undialektischer« sein als diese Haltung, für die in dem einzig großartigen Bild der neunten seiner »geschichtsphilosophischen Thesen« »der Engel der Geschichte« nicht nach vorn in die Zukunft gewendet dialektisch fortschreitet, sondern »das Antlitz der Vergangenheit zugewendet« hat. »Wo eine Kette von Begebenheiten vor *uns* erscheint, da sieht *er* eine einzige Katastrophe, die unablässig Trümmer auf

Trümmer häuft und sie ihm vor die Füße schleudert. Er möchte wohl verweilen, die Toten wecken und das Zerschlagene zusammenfügen.« (Womit dann wohl das Ende der Geschichte gekommen wäre.) »Aber ein Sturm weht vom Paradiese her« und »treibt ihn unaufhaltsam in die Zukunft, der er den Rücken kehrt, während der Trümmerhaufen vor ihm zum Himmel wächst. Das was wir den Fortschritt nennen, ist *dieser* Sturm.« In diesem Engel, den Benjamin in Klees *Angelus Novus* erblickte, erlebt der Flaneur seine letzte Verklärung. Denn wie der Flaneur durch den Gestus des zwecklosen Schlenderns der Menge auch dann den Rücken weist, wenn er von ihr getrieben und mit ihr fortgerissen wird, so wird der »Engel der Geschichte«, der nichts betrachtet als das Trümmerfeld der Vergangenheit, vom Sturm des Fortschritts rücklings in die Zukunft geweht. Daß sich solchen Augen ein einstimmiger, dialektisch einsichtiger, vernünftig deutbarer Prozeß darbieten könnte, davon kann wohl keine Rede sein.

Die Freundschaft Benjamin-Brecht ist einzigartig, weil in ihr der größte lebende deutsche Dichter mit dem bedeutendsten Kritiker der Zeit zusammentraf. (Es spricht für beide, daß sie dies wußten – Brecht soll auf die Nachricht von Benjamins Tod gesagt haben, dies sei der erste wirkliche Verlust, den Hitler der deutschen Literatur zugefügt habe –, und es ist seltsam und traurig, daß die Einzigartigkeit dieser Begegnung den alten Freunden niemals, auch als beide, Brecht und Benjamin, längst tot waren, eingeleuchtet hat. Darüber hinaus aber dürfte es für Benjamin entscheidend wichtig gewesen sein, in Brecht auf der Linken einen Mann gefunden zu haben, der trotz allem Gerede genau so wenig »dialektisch« dachte wie er selbst, dessen Intelligenz aber dafür ganz ungewöhnlich realitätsnahe war, so daß jede »Idee« sofort die allerkonkreteste und präziseste Gestalt annahm. Was Adorno so sehr an Benjamins späteren Arbeiten mißfiel: daß »pragmatische Inhalte ... unmittelbar auf benachbarte Züge der Sozialgeschichte« bezogen werden, und daß an die Stelle »der verpflichtenden Aussage die metaphorische« zu stehen kommt, weist in der Tat zwar nicht auf Brechts »Einfluß«, wohl aber auf das hin, was diese beiden so völlig verschieden gearteten Männer gemein gehabt haben mögen. Beiden kam es immer auf das unmittelbar, real nachweisbare Konkrete, auf ein Einzelnes an, das seine »Bedeutung« sinnfällig in sich trägt; und dieser höchst realistischen Denkungsart dürfte die Überbau-Unterbau-Relation im präzisen Sinn eine »metaphorische« gewesen sein.

Wenn man z. B. – und dies wäre durchaus im Sinne Benjaminschen Denkens – den abstrakten Begriff der Vernunft auf seinen Ursprung aus dem Verb ›vernehmen‹ zurückführt, so kann man meinen, einem Wort aus der Sphäre des Überbaus einen *sinnlichen* Unterbau zurückgegeben zu haben; man hat auf jeden Fall einen Begriff in eine Metapher verwandelt. Dabei muß man natürlich die Metapher in ihrem ursprünglichen, nicht-allegorischen Sinne von *metapherein*, ›herübertragen‹, verstehen. Denn die Metapher stellt einen Zusammenhang, eine Entsprechung her, die unmittelbar sinnlich einleuchtet und keiner Deutung bedarf, während die Allegorie ja stets von einer »abstrakten« Vorstellung ausgeht, um dann gleichsam beliebig Sinnfälliges zu erfinden, das erst gedeutet werden muß, um sinnvoll zu sein; wobei die Deutung dem Rätselraten auch dann fatal ähnelt, wenn die Lösung so nahe liegt wie in der allegorischen Darstellung des Todes durch den Knochenmann. Seit Homer ist die Metapher das eigentlich Erkenntnis vermittelnde Element des Dichterischen. Mit ihrer Hilfe wird in den Homerischen Epen das sinnlich Entfernteste in die genaueste Entsprechung gebracht – etwa der Aufruhr der Furcht in der Brust der Achaier mit dem Aufruhr der Winde, wenn »Nord und West beide... jählings nahn mit Gewalt« (*Ilias* IX, 4–8), oder das Nahen des Heeres zur Schlacht mit der Meeresflut, die, vom Winde getrieben, »fern auf der See zuerst sich erhebt« (*Ilias*, IV 422–428), um dann tosend und schäumend sich an den Klippen des Ufers zu brechen –, und durch diese Entsprechungen wird dichterisch die Einheit der Welt gestiftet. Was an Benjamin so schwer zu verstehen war, ist, daß er, ohne ein Dichter zu sein, *dichterisch dachte*, und daß die Metapher daher für ihn das größte und geheimnisvollste Geschenk der Sprache sein mußte, weil sie in der »Übertragung« es möglich macht, das Unsichtbare zu versinnlichen – »Eine feste Burg ist unser Gott« – und so erfahrbar zu machen. Er konnte ohne Schwierigkeit die Überbautheorie als die endgültige Lehre metaphorischen Denkens begreifen, und zwar gerade weil er ohne viel Umstände und unter Verzicht auf alle Vermittlungen den Überbau direkt auf den sogenannten »materiellen«, d. h. für ihn *sinnlich* gegebenen Unterbau zurückbezog. Ihn hat offenbar gerade das fasziniert, was die anderen als »vulgärmarxistisches«, »undialektisches Denken« brandmarken, und in dieser Faszination sah er sich von Brecht aufs Schönste bestätigt.

So war in gewissem Sinne die Freundschaft mit Brecht der zweite und wohl ungleich wichtigere Glücksfall in Benjamins Leben. Er hatte dann auch prompt die widrigsten Folgen. Denn so klar ihm war, daß seine materiell wie publizistisch aussichtslose Lage im Paris der Emigration Grund genug bot, sich »den Anregungen des Instituts [für Sozialforschung] gegenüber gefügig zu zeigen«, so evident war ihm auch, daß diese Gefügigkeit an dieser Freundschaft eine unüberschreitbare Grenze hatte. Gewiß, er konnte sich diplomatisch verhalten, und er selbst hat seine späten Briefe an Adorno und Horkheimer für Muster der Diplomatie gehalten; aber er konnte nicht darauf verzichten, das zu praktizieren, was ihn an Brecht am meisten anzog und was Brecht selbst das »plumpe Denken« nannte. »Die Hauptsache ist, plump denken lernen. Plumpes Denken, das ist das Denken der Großen«, meinte Brecht, und Benjamin fügt erläuternd hinzu: »Es gibt viele Leute, die unter einem Dialektiker einen Liebhaber von Subtilitäten verstehen ... Plumpe Gedanken gehören gerade in den Haushalt des dialektischen Denkens, weil sie gar nichts anderes darstellen als die Anweisung der Theorie auf die Praxis ... ein Gedanke muß plump sein, um im Handeln zu seinem Recht zu kommen.«[8] Nun, was Benjamin am plumpen Denken so angezogen hat, war wohl weniger die Anweisung auf die Praxis als auf die Wirklichkeit, und diese Wirklichkeit manifestierte sich für ihn am unmittelbarsten in der von Sprichwörtern und Redensarten erfüllten Alltagssprache. »Das Sprichwort ist eine Schule des plumpen Denkens«, heißt es im gleichen Zusammenhang. Diese Kunst, Sprichwörtliches und Idiomatisches

---

8 In der Rezension des *Dreigroschenromans*. Siehe *Versuche über Brecht* (Suhrkamp 1966, S. 90).

beim Worte zu nehmen, hat Benjamin wie Kafka, bei dem das Redensartliche häufig als Inspirationsquelle deutlich zu erkennen ist und den Schlüssel manchen »Rätsels« bietet, befähigt, eine Prosa von so eigentümlich zauberhafter und verzauberter Realitätsnähe zu schreiben.

Wo immer man sich in diesem Leben umtut, wird man den Buckligen finden. Lange bevor das Dritte Reich ausbrach, spielt er schon seinen bösen Schabernack. Er veranlaßt Verleger, die eine Jahresrente versprechen für Übernahme des Lektorats oder die Herausgabe einer Zeitschrift mit ihm planen, bankrott zu gehen, bevor auch nur die erste Rate gezahlt oder die erste Nummer erschienen ist; später sorgt er dafür, daß die mit unendlicher Mühe hergestellte Sammlung großartiger deutscher Briefe mit den herrlichsten Kommentaren zwar (unter dem Titel *Deutsche Menschen* mit dem Motto »Von Ehre ohne Ruhm / Von Größe ohne Glanz / Von Würde ohne Sold«) ausgedruckt wird, aber im Keller des inzwischen bankrott gegangenen Verlegers endet, wiewohl es 1936 unter dem Pseudonym Detlef Holz zur Verbreitung in Deutschland bestimmt war; und in diesem Keller wird die Auflage genau in dem Augenblick wieder gefunden, als eine Neuauflage in Deutschland (1962) ausgedruckt ist. Auf das Konto des Buckligen möchte man auch schreiben, daß das Wenige, das zum Guten ausschlagen sollte, sich oft erst im Gewand des Unliebsamen zeigt. Dahin gehört etwa die Übertragung der *Anabase* von Alexis Saint-Léger (Saint-John Perse), die er übernahm, weil sie ihm, wie die Proust-Übersetzung, durch Hofmannsthal vermittelt worden war, obwohl er selbst »das Ding für unbeträchtlich« hielt; die Übersetzung ist erst nach dem Kriege in Deutschland erschienen, doch verdankte er ihr die Beziehung zu Léger, der als Diplomat bei der französischen Regierung durchsetzen konnte, daß Benjamin mit sehr wenigen anderen Flüchtlingen von der zweiten Internierung in Frankreich während des Krieges verschont blieb. Und nach dem Schabernack kamen die Scherbenhaufen, von denen der seiner Meinung nach seit 1938 drohende Abbruch der Beziehungen zu dem Institut für Sozialforschung, dem einzigen »materiellen und moralischen Halt«

seiner Pariser Existenz, der letzte vor der Katastrophe an der spanischen Grenze war: »Eben die Umstände, die meine europäische Situation so sehr bedrohen, werden meine Übersiedlung nach den USA wohl unmöglich machen«, schrieb er im April 1939 noch unter dem Eindruck des »Stoßes«, den ihm Adornos Brief mit der Ablehnung der ersten Fassung der Baudelaire-Arbeit im November 1938 »versetzt« hatte[9].

Sicher hat Scholem recht, wenn er meint, daß Kafka unter zeitgenössischen Autoren neben Proust Benjamin am nächsten stand, und zweifellos hat Benjamin auch an die »Trümmer- und Katastrophenstätte« der eigenen Arbeit gedacht, wenn er schrieb, daß »die Einsicht in [Kafkas] Produktion unter anderem an die schlichte Erkenntnis gebunden ist, daß er gescheitert ist«. Auch von Benjamin könnte man sagen, was er selbst so einzig treffend von Kafka gesagt hat: »Die Umstände dieses Scheiterns sind mannigfache. Man möchte sagen: war er des endlichen Mißlingens erst einmal sicher, so gelang ihm unterwegs alles wie im Traum.« Er brauchte nicht Kafka zu lesen, um wie Kafka zu denken. Als er noch nichts von ihm kannte außer dem »Heizer«, hatte er bereits Goethes Wort über die Hoffnung an prominenter Stelle in dem Essay über die Wahlverwandtschaften zitiert – »Die Hoffnung fuhr wie ein Stern, der vom Himmel fällt, über ihre Häupter weg«. Und der Satz, mit dem er ihn beschließt, klingt, als hätte Kafka ihn geschrieben: »Nur um der Hoffnungslosen willen ist uns die Hoffnung gegeben.«

Am 26. September 1940 nahm sich Walter Benjamin, im Begriff nach Amerika auszuwandern, an der spanisch-französischen Grenze das Leben. Die Gründe waren mannigfach: die Gestapo hatte seine Pariser Wohnung mit Bibliothek (er hatte »die wichtigere Hälfte« aus Deutschland retten können) und einen guten Teil der Manuskripte beschlagnahmt, und er hatte Grund, sich auch um die Manuskripte Sorge zu machen, die er noch vor seiner Flucht aus Paris nach Lourdes im unbesetzten Frankreich durch

---

9 Schon 1934 hatte ihn »die Tatsache, daß das Institut für Sozialforschung nach Amerika übersiedelt«, sehr beunruhigt. »Eine Lösung, ja nur eine Lockerung meiner Beziehung zu seinen Leitern könnte leicht davon die Folge sein. Was das bedeutet, will ich nicht ausführen.« Nun schien dies Bedrohliche unmittelbar vor der Tür zu stehen.

George Bataille in der Bibliothèque Nationale hatte unterbringen können[10]. Wie sollte gerade er ohne Bibliothek leben, wie ohne die ausgedehnten Zitatsammlungen und Exzerpte seinen Lebensunterhalt verdienen? Außerdem zog ihn nichts nach Amerika, wo man, wie er gelegentlich sagte, mit ihm wohl nichts anderes werde anfangen können, als ihn zu Ausstellungszwecken als »letzten Europäer« durch die Lande zu karren.

Der Anlaß aber war ein ungewöhnliches Mißgeschick. Flüchtlinge aus Hitler-Deutschland – »les réfugiés provenant d'Allemagne«, wie sie in Frankreich offiziell hießen – waren durch das Waffenstillstandsabkommen zwischen Vichy-Frankreich und dem Dritten Reich mit Auslieferung nach Deutschland bedroht, und die Vereinigten Staaten hatten zur Rettung dieser Kategorie – die notabene niemals die unpolitische Masse der Juden, welche sich dann als die bei weitem Gefährdetsten herausstellten, mitumfaßte – eine Anzahl von Emergency-Visen durch ihre Konsulate im unbesetzten Frankreich verteilen lassen. Benjamin war dank der Bemühungen des Instituts für Sozialforschung unter den Ersten, die ein solches Visum in Marseille erreichte. Er gelangte auch schnell in den Besitz eines spanischen Durchreisevisums, um nach Lissabon zu kommen und sich von dort einzuschiffen. Allerdings hatte er kein Ausreisevisum aus Frankreich, da die Vichy-Regierung, um der Gestapo gefällig zu sein, den deutschen Flüchtlingen die Ausreisegenehmigung zu diesem Zeitpunkt prinzipiell verweigerte. Dies stellte aber im allgemeinen keine große Schwierigkeit dar, da der relativ kurze und nicht zu beschwerliche Fußweg über die Berge nach Port Bou bekannt und von der französischen Grenzpolizei nicht gesperrt war. Für Benjamin allerdings, der damals bereits wohl auf Grund einer Herzmuskelentzündung sehr schlecht ging, dürfte es sich um eine große Anstrengung gehandelt haben. Als die kleine Gruppe von Flüchtlingen, der er sich angeschlossen hatte, den spanischen

---

10 Das von der Gestapo in Paris beschlagnahmte Material wurde nicht vernichtet, sondern von den Nazis mit anderen Beständen nach Oberschlesien ausgelagert. Dieser Teil des Nachlasses liegt im Deutschen Zentralarchiv in Potsdam und ist der »wissenschaftlichen Forschung zugänglich« (vgl. Rosemarie Heise, »Der Benjamin-Nachlaß in Potsdam«, in *alternative*, Zeitschrift für Literatur und Diskussion, Berlin, Okt./Dez. 1967).

Grenzort erreichte, stellte sich plötzlich heraus, daß an diesem Tage die Grenze von Spanien gesperrt worden war und die Grenzbeamten die in Marseille ausgestellten Visen nicht anerkannten. Sie sollten also am nächsten Tag auf dem gleichen Weg nach Frankreich zurück. Benjamin nahm sich in der Nacht das Leben, und seine Begleiter wurden daraufhin von den Grenzbeamten, auf die der Selbstmord doch einigen Eindruck gemacht hatte, nach Portugal durchgelassen. Die Visumsperre wurde nach einigen Wochen wieder aufgehoben.

Einen Tag früher wäre er anstandslos durchgekommen, einen Tag später hätte man in Marseille gewußt, daß man zur Zeit nicht durch Spanien konnte. Nur an diesem Tag war die Katastrophe möglich.

II. Die finsteren Zeiten

> »Derjenige, der mit dem Leben nicht lebendig fertig wird, braucht die eine Hand, um die Verzweiflung über sein Schicksal ein wenig abzuwehren..., mit der anderen Hand aber kann er eintragen, was er unter den Trümmern sieht, denn er sieht anderes und mehr als die anderen, er ist doch tot zu Lebzeiten und der eigentlich Überlebende.«
>
> Franz Kafka, *Tagebücher*

> »Ein Schiffbrüchiger, der auf einem Wrack treibt, indem er auf die Spitze des Mastbaums klettert, der schon zermürbt ist. Aber er hat die Chance, von dort zu seiner Rettung ein Signal zu geben.«
>
> Walter Benjamin in einem Brief an Gerhard Scholem vom 17. April 1931

Oft brennt die Zeit ihr Siegel dem am deutlichsten ein, der von ihr am wenigsten geprägt ist, ihr am fernsten gestanden und daher am tiefsten unter ihr gelitten hat. So war es mit Proust, mit Kafka und Karl Kraus, und so war es mit Benjamin. Sein Gestus und die Kopfhaltung beim Hören und Sprechen, seine Art sich zu bewegen, seine Manieren, vor allem seine Sprechweise bis in die Wahl der Worte und den Duktus der Syntax, schließlich das ausgesprochen Idiosynkratische seines Geschmacks – all das wirkte so altmodisch, als sei er aus dem neunzehnten in das zwanzigste Jahrhundert wie an die Küste eines fremden Landes verschlagen. Ob er sich im Deutschland des zwanzigsten Jahrhunderts je heimisch gefühlt hat? Man darf es bezweifeln. Als er 1913 ganz jung zum erstenmal nach Frankreich kommt, sind ihm nach wenigen Tagen die Straßen Paris »heimischer fast« als die bekannten Berlins. Er mag damals bereits, sicher aber zwanzig Jahre später, gespürt haben, wie sehr die Reise von Berlin nach Paris einer Reise in der Zeit, nicht aus einem Land in ein anderes, sondern aus dem zwanzigsten ins neunzehnte Jahrhundert gleichkam. Da war die *nation par excellence*, deren Kultur das Europa des neunzehnten Jahrhunderts bestimmt und der Haussmann die

Hauptstadt errichtet hatte, Paris, »die Hauptstadt des neunzehnten Jahrhunderts«, wie Benjamin sie dann genannt hat. Dies Paris war zwar noch nicht kosmopolitisch, aber zutiefst europäisch und hat sich so mit einer Selbstverständlichkeit ohnegleichen seit Mitte des vorigen Jahrhunderts allen Heimatlosen als zweite Heimat angeboten. Weder die ausgesprochene Fremdenfeindlichkeit der Bewohner noch die ausgeklügelten Schikanen der einheimischen Fremdenpolizei haben daran je etwas zu ändern vermocht. Benjamin hat lange vor der Emigration gewußt, wie »ganz außerordentlich selten [es ist], Fühlung mit einem Franzosen zu gewinnen, die fähig wäre, eine Unterhaltung über die erste Viertelstunde hinauszutragen«, und seine angeborene Vornehmheit machte es ihm später, als er als Flüchtling in Paris seinen Wohnsitz aufschlug, unmöglich, seine flüchtigen Bekanntschaften – er kannte vor allem Gide – in Beziehungen umzuwandeln und neue Beziehungen anzuknüpfen. Werner Kraft, so erfährt man jetzt, brachte ihn erst zu Charles du Bos, der damals gerade für die deutsche Emigration auf Grund seines »Enthusiasmus für die deutsche Dichtung« eine Art Schlüsselfigur war. Werner Kraft hatte die besseren Verbindungen[11] – welche Ironie! Pierre Missac hat in einer erstaunlich einsichtigen Sammelbesprechung der Schriften, Briefe und Sekundärliteratur davon gesprochen, wie sehr Benjamin darunter gelitten haben muß, in Frankreich nicht den ihm gebührenden »Empfang« gefunden zu haben[12]; das ist natürlich richtig, aber erstaunt hat es ihn sicher nicht.

So irritierend und verletzend dies alles gewesen sein mag, die Stadt selbst machte es alles wieder wett – so groß ist der Reiz der von Haussmann erbauten Innenstadt, deren Boulevards, wie Benjamin schon 1913 entdeckte, von Häusern gebildet werden, die »nicht zum Wohnen zu sein scheinen, sondern steinerne Coulissen, zwischen denen man geht«. Diese Stadt, um die man an den alten Toren vorbei im Kreise herumfahren kann, ist immer noch, was die von einem Stadtwall gegen das Außen streng abgegrenzten und geschützten Städte des Mittelalters einmal waren – ein Innenraum, aber nun ohne die Enge der Gassen ein großzügig

---

11 »Walter Benjamin hinter seinen Briefen«, *Merkur*, März 1967.
12 Vgl. Pierre Missac, »L'Eclat et le Secret: Walter Benjamin«, *Critique* Nr. 231/2, 1966.

gebautes und geplantes Intérieur in freier Luft, über dem das Himmelsdach sinnfälligste Realität wird. »Das Schönste an aller Kunst und allem Betrieb ist, daß sie dem Wenigen, was noch als Rest von dem Ursprünglichen, Natürlichen sich hält, seinen Glanz läßt«, ja zu neuem Glanz verhilft. Es sind die einheitlichen wie Innenwände gebauten Straßenzüge, die es bewirken, daß man sich in keiner anderen Stadt räumlich so geborgen fühlt. Die Passagen, welche die großen Boulevards miteinander verbinden und vor den Unbilden des Wetters Schutz gewähren, ohne daß man ein Haus aufzusuchen brauchte, haben Benjamin so ungeheuer fasziniert, daß er von seinem geplanten Hauptwerk über das neunzehnte Jahrhundert und dessen Hauptstadt auch einfach als von der »*Passagenarbeit*« sprach; und die Passagen sind in der Tat wie ein Symbol dieser Stadt, weil sie offensichtlich Innen und Außen zugleich und damit auf gedrängtestem Raum ihr eigentliches Wesen darstellen. In Paris fühlt sich der Fremde heimisch, weil man diese Stadt bewohnen kann wie sonst nur die eigenen vier Wände. Und wie man eine Wohnung nicht dadurch bewohnt und wohnlich macht, daß man sie benutzt – zum Schlafen, Essen, Arbeiten –, sondern dadurch, daß man sich in ihr aufhält, so bewohnt man eine Stadt dadurch, daß man es sich leistet, ziel- und zwecklos durch sie zu flanieren, wobei der Aufenthalt durch die zahllosen Cafés gesichert ist, welche die Straßen flankieren und an denen das Leben der Stadt, die Flut der Passanten, vorbeizieht. Paris ist heute noch die einzige der großen Städte, die man bequem zu Fuß bewältigen kann, und sie ist mehr als jede andere Stadt in ihrer Lebendigkeit auf Fußgänger angewiesen und durch den Autoverkehr nicht nur aus verkehrstechnischen Gründen bedroht. In der Öde amerikanischer Vororte oder auch den Wohnbezirken der Großstädte, wo das gesamte Straßenleben sich auf der Fahrbahn bewegt und man auf den zu Fußsteigen zusammengeschmolzenen Trottoirs oft kilometerweit nicht einem Menschen begegnet, hat man das genaue Gegenteil von Paris vor Augen. Was alle anderen Städte nur widerwillig dem Auswurf der Gesellschaft zu gestatten scheinen, das Bummeln, Schlendern und Flanieren, dazu fordern die Pariser Straßen jedermann geradezu auf. Und so ist die Stadt denn auch seit dem zweiten Kaiserreich das Paradies aller derer gewesen, die keinem Erwerb nachzujagen, keine Karriere zu machen, kein Ziel zu erreichen brauchten: das Paradies also der Bohème, und zwar nicht nur der Künstler und Schriftsteller, sondern auch derer, die sich um sie versammeln, weil sie entweder politisch, wie die Heimat- und Staatenlosen, oder gesellschaftlich nicht einzuordnen sind.

Ohne diesen Hintergrund der Stadt, die für Benjamin sehr jung zu einem entscheidenden Erlebnis wurde, ist wohl kaum zu verstehen, daß der Flaneur die Schlüsselfigur seiner Arbeiten wurde. Wie sehr das Flanieren denn auch die Gangart seines Denkens bestimmte, zeigte sich vielleicht am deutlichsten an den Eigentümlichkeiten seines Ganges, der in der Beschreibung von Max Rychner »zugleich ein Vorwärtsschreiten und ein Verweilen, eine eigentümliche Mischung von beidem war«.[13] Es war die Gangart des Flaneurs, und sie wirkte so auffallend, weil der Flaneur wie der Dandy und der Snob seine Heimat ja im neunzehnten Jahrhundert hat, in dessen Sekurität den Kindern aus gutbürgerlichem Hause ein arbeitsloses Einkommen gesichert war, sie also gar keine Veranlassung hatten, sich zu beeilen. Und wie die Stadt ihn das Flanieren, die geheime Gang- und Denkart des neunzehnten Jahrhunderts, lehrte, so öffnete sie ihm natürlich auch den Sinn für französische Literatur, was ihn nahezu unwiderruflich dem normalen deutschen Geistesleben entfremdete. »Während ich mit meinen Bemühungen und Interessen in Deutschland unter den Menschen meiner Generation mich ganz isoliert fühle, gibt es in Frankreich einzelne Erscheinungen – als Schriftsteller Giraudoux und besonders Aragon – als Bewegung den Surrealismus, in denen ich am Werke sehe, was auch mich beschäftigt«, schreibt er 1927 an Hofmannsthal, nachdem er, gerade von einer Moskaureise zurückgekehrt, sich von der Undurchführbarkeit literarischer Unternehmungen, die unter kommunistischer Flagge segeln, überzeugt hat und nun daran gehen will, seine »Pariser Position« zu festigen. (Schon acht Jahre früher, also lange vor der Wendung zum Marxismus, berichtet er, wie »unglaublich verwandt« ihn Péguy angesprochen habe: »Nichts geschriebenes

---

13 Vgl. seine »Erinnerungen an Walter Benjamin« im *Monat*, September 1966.

hat mich jemals so aus der Nähe, aus dem Miteinander berührt.«)
Nun, dies ist ihm nicht gelungen und hätte auch schwerlich gelingen können; erst im Paris der Nachkriegszeit haben Ausländer
– und so heißt wohl in Paris auch heute noch jeder, der nicht in
Frankreich von französischen Eltern geboren ist – »Positionen«
beziehen können. Hingegen wurde er in eine Position gedrängt,
die es eigentlich nirgends gab, ja die als Position erst im Nachhinein zu erkennen und zu diagnostizieren ist. Es war die Position auf der »Mastbaumspitze«, von der aus die tobenden Zeitumstände besser zu übersehen waren als vom sicheren Port, wenn
auch die Rettungssignale des »Schiffbrüchigen«, dieses einen Mannes, der das Schwimmen nicht erlernt hatte, weder mit dem Strom
noch gegen ihn, kaum bemerkt wurden – nicht von denen, die
diesem Meer sich nie preisgegeben hatten, und nicht von denen,
die immerhin auch in diesem Element sich noch bewegen konnten.

Äußerlich gesehen war es die Position des freien Schriftstellers,
der von seiner Feder lebt, nur daß – wie nur Max Rychner bemerkt zu haben scheint – er das auf eine »merkwürdige Weise«
tat, denn »er publizierte gar nicht häufig« und »es war nie ganz
ersichtlich, ... wie weit er noch andere Hilfsmittel zu Gebote
hatte«. Rychners Verdacht war in jeder Hinsicht berechtigt. Nicht
nur standen ihm vor der Emigration »noch andere Hilfsmittel zu
Gebote«, hinter der Fassade des freien Schriftstellers führte er,
obwohl dauernd bedroht, die erheblich freiere Existenz eines
homme de lettres, dessen Behausung die mit großer Leidenschaft
und äußerster Sorgfalt zusammengetragene Bibliothek bildete. Sie
war keineswegs als Arbeitsinstrument gedacht, sondern bestand
aus Kostbarkeiten, deren Wert sich daran erwies, daß er sie nicht
gelesen hatte; die also garantiert nicht nützlich war, keinem Beruf diente. Solch eine Existenz war in Deutschland unbekannt;
und nahezu ebenso unbekannt war der Beruf, den er notgedrungen aus ihr ableitete, nämlich nicht den eines Literaturhistorikers
und Gelehrten mit der obligaten Anzahl dicker Bücher, sondern
den eines Kritikers und Essayisten, dem bereits der Essay zu ausführlich und dessen eigentliche Ausdrucksform der Aphorismus
ist. Daß er damit beruflich etwas anstrebte, was es in Deutsch-

land – wo man trotz Lichtenberg, Lessing, Schlegel, Heine und Nietzsche sich unter Kritik etwas anrüchig Subversives vorzustellen pflegte, das höchstens im Feuilleton goutiert werden darf – schlechterdings nicht gab, war ihm keineswegs unbekannt. Nicht zufällig wählte er die französische Sprache, um diese Ambition mitzuteilen: »Le but que je m'étais proposé ... c'est d'être considéré comme le premier critique de la littérature allemande. La difficulté c'est que, depuis plus de cinquante ans, la critique littéraire en Allemagne n'est plus considérée comme un genre sérieux. Se faire une situation dans la critique, cela ... veut dire: la recréer comme genre.«

Kein Zweifel, diese Berufswahl war dem frühen französischen Einfluß, der unmittelbar als Wahlverwandtschaft empfundenen Nähe des großen Nachbars jenseits des Rheins geschuldet. Viel bezeichnender aber ist, daß selbst diese Einordnung in ein Fach eigentlich von der Ungunst der Zeit und der finanziellen Misere motiviert war. Will man das, worauf er sich spontan, wenn auch vielleicht nicht bewußt, »beruflich« vorbereitet hatte, in sozialen Kategorien fassen, so muß man auf das wilhelminische Deutschland zurückgreifen, in dem er aufgewachsen war und wo seine ersten Lebenspläne sich formiert hatten. Man könnte dann sagen, Benjamin hat sich auf nichts beruflich vorbereitet als auf den »Beruf« eines Privatsammlers und Privatgelehrten. Sein Studium, das er vor dem ersten Weltkrieg begonnen hatte, hätte unter den damaligen Umständen nur in der Universitätskarriere enden können, die aber, wie jede Beamtenlaufbahn, ungetauften Juden noch verschlossen war. Sie konnten sich habilitieren und es bestenfalls zu einem unbezahlten Extraordinariat bringen; es war also eine Laufbahn, die ein gesichertes Einkommen nicht einbrachte, sondern voraussetzte. Der Doktor, zu dem er sich bereits nur aus »Rücksichten auf meine Familie« entschloß, und die spätere Habilitation waren als die Voraussetzung gedacht für die Bereitschaft der Familie, dies Einkommen zur Verfügung zu stellen.

Diese Verhältnisse änderten sich schlagartig nach dem Krieg: die Inflation hatte weite Kreise des Bürgertums verarmt, wenn nicht gar enteignet, und in der Weimarer Republik stand die Universitätslaufbahn auch ungetauften Juden offen. Die unselige Habilitationsgeschichte zeigt deutlich, wie wenig Benjamin diese veränderten Umstände in Rechnung stellte und wie sehr er in allen Geldangelegenheiten den Vorkriegsvorstellungen verhaftet blieb. Denn die Habilitation hatte von vornherein nur dazu dienen sollen, den Vater durch einen »Ausweis öffentlicher Anerkennung ... zur Ordnung« zu rufen und dem damals immerhin schon Dreißigjährigen ein ausreichendes und, man möchte hinzufügen, standesgemäßes Auskommen zu bewilligen. Daß er darauf trotz chronischer Konflikte mit den Eltern einen Anspruch habe und daß deren Forderung an ihn, »für meinen Erwerb tätig zu sein«, »unqualifizierbar« sei – das ist ihm auch später, als er sich den Kommunisten bereits genähert hatte, nie fraglich geworden. Als der Vater dann erklärte, auch im Falle der Habilitation den monatlichen Betrag, den er ohnehin zahlte, nicht erhöhen zu können oder zu wollen, fiel für Benjamin die wesentliche Voraussetzung für die ganze Unternehmung dahin. Bis zum Tode der Eltern im Jahre 1930 konnte er dann das Problem seiner materiellen Existenz dadurch lösen, daß er, obwohl inzwischen verheiratet und Vater eines Sohnes, ins Elternhaus zurückzog, zuerst mit seiner Familie, dann nach der bald erfolgten Trennung allein. (Die Scheidung erfolgte erst 1930.) Er hat offensichtlich darunter sehr gelitten, aber ebenso offensichtlich einen anderen Ausweg ernstlich kaum je in Betracht gezogen. Auffallend ist auch, daß er trotz der dauernden finanziellen Misere doch imstande blieb, seine Bibliothek ständig zu bereichern. Und so wie ein einziger Versuch, sich diese kostspielige Passion zu versagen – er ging in die großen Auktionshäuser wie andere in den Spielsaal –, und der Vorsatz, »im äußersten Fall« sogar etwas zu verkaufen, damit endeten, daß er »den Schmerz dieser Bereitschaft« durch neue Anschaffungen »betäuben« mußte, so endete der einzige nachweisbare Versuch, sich von zu Hause unabhängig zu machen, mit dem Vorschlag, der Vater möge ihm sogleich »ein Kapital auszahlen, mit dem ich mich an einem Antiquariat beteiligen kann«. Dies ist der einzige Brotberuf, den Benjamin überhaupt je erwogen hat. Es ist natürlich nie etwas daraus geworden.

Angesichts der realen Lage im Deutschland der zwanziger Jahre und angesichts dessen, daß Benjamin genau wußte, er würde nie von seiner Feder leben können – »Es gibt Orte, an denen ich ein Minimum verdienen und solche, an denen ich von einem Minimum leben kann, aber nicht einen einzigen, auf den diese beiden Bedingungen zusammen zutreffen« –, mag dies ganze Verhalten wie sträflicher Leichtsinn anmuten. Aber Leichtsinn war gerade dabei am wenigsten im Spiel. Eher schon möchte man meinen, daß es für die armgewordenen reichen Leute ebenso schwer ist, an ihre Armut zu glauben, wie für die reichgewordenen armen Leute an ihren Reichtum; die einen verführt ein Übermut, den sie gar nicht haben, die anderen der »Geiz«, der doch nur Lebensangst ist. Auf jeden Fall stand Benjamin mit seiner Einstellung zu den Fragen der Lebensversorgung keineswegs allein; sie war vielmehr eher typisch für die ganze Schicht deutsch-jüdischer Intellektueller, nur ist sie wohl kaum einem so schlecht bekommen. Die Voraussetzung war die Mentalität der Väter, die, selbst erfolgreiche Geschäftsleute, von den eigenen Erfolgen nicht allzu viel hielten und davon träumten, daß ihre Söhne zu Höherem berufen sein würden. Das heißt nicht, daß es nicht gerade in dieser Generation allenthalben Konflikte gegeben hätte – die Literatur jener Jahre ist voll von Vater-Sohn-Konflikten, und hätte Freud seine Theorien in einem anderen Lande und Sprachraum als dem deutsch-jüdischen, aus dem seine Patienten kamen, gefunden und zu erproben gehabt, so hätten wir vermutlich nie etwas von einem Ödipus-Komplex gehört[14] –; aber sie wurden doch in der Regel dadurch beigelegt, daß die Söhne den Anspruch machten, Genies zu sein oder auch, wie im Falle der zahlreichen Kommunisten aus begütertem Hause, Menschheitsbeglücker, auf jeden Fall etwas Höheres, und die Väter nichts lieber glauben wollten. Wo solche Ansprüche nicht gestellt oder nicht anerkannt wurden, konnte es leicht zur Katastrophe kommen. Das war etwa bei Kafka der Fall, der – vielleicht weil er wirklich so etwas wie ein Genie war – von dem Geniewahn seiner Umgebung ganz frei war, den An-

---

14 Kafka, der in diesen Dingen realistischer gesehen hat als irgendein anderer, meinte, daß »der Vaterkomplex, von dem sich mancher geistig nährt, ... das Judentum des Vaters betrifft«, und zwar »die unklare Zustimmung der Väter (diese Unklarheit war das Empörende)« zu dem Austritt der Söhne aus dem Judentum: »mit den Hinterbeinchen klebten sie noch am Judentum des Vaters und mit den Vorderbeinchen fanden sie keinen neuen Boden.« Siehe Franz Kafka, *Briefe*, S. 337.

spruch nie stellte und daher seine finanzielle Unabhängigkeit durch eine normale Stellung an der Prager Arbeiterversicherungsgesellschaft sich sicherte. Aber auch Kafka, kaum hatte er die Stelle angetreten, sah in ihr eine »Anlaufstraße für Selbstmörder« und meinte, einer Pflicht zu gehorchen, die sagt: »man muß sich sein Grab verdienen« (S. 55).

Für Benjamin jedenfalls blieb die Monatsrente die einzig mögliche Existenzform, und um sie nach dem Versagen der Eltern zu erhalten, war er zu manchem bereit, oder glaubte es doch zu sein – hebräisch zu lernen für 300 Mark im Monat, wenn die Zionisten sich davon etwas versprachen, oder dialektisches Denken mit allen vermittelnden Schikanen für 1000 französische Franken, wenn die Marxisten anders nicht mit sich reden ließen. Bewundernswert bleibt, daß er dann praktisch, obwohl ihm doch das Wasser am Halse stand, weder das Eine noch das Andere getan hat; bewundernswert aber auch die unendliche Geduld, mit der Scholem, der ihm das Stipendium zum Hebräisch-Lernen mit großer Mühe von der Universität in Jerusalem verschafft hatte, sich jahrelang hinhalten ließ. Ihm die allein angemessene »Position« eines *homme de lettres*, von deren einzigartigen Chancen weder die Zionisten noch die Marxisten etwas ahnten oder ahnen konnten, zu finanzieren, war natürlich niemand bereit.

Der *homme de lettres* erscheint uns heute als eine eher harmlose, abseitige Figur, als sei er in der Tat mit der immer das Komische streifenden des Privatgelehrten gleichzusetzen. Aber Benjamin, dem das Französische so nahe stand, daß die Sprache für ihn eine »Art Alibi« seiner Existenz wurde, dürfte um seine Herkunft aus dem vorrevolutionären Frankreich des achtzehnten Jahrhunderts so gut gewußt haben wie um seine außerordentlichen Verdienste um die Französische Revolution. Im Gegensatz zu den späteren Schriftstellern und Literaten, den »écrivains et littérateurs«, mit denen sogar der Larousse die *hommes de lettres* verwechselt, lebten sie zwar in der Welt des geschriebenen und gedruckten Wortes, vor allem auch umgeben von Büchern, waren aber weder gezwungen noch willens, das Schreiben und Lesen berufsmäßig zum Gelderwerb auszuüben. Und im Unterschied zu der Klasse der Intellektuellen, die ihre Dienste entweder dem Staat als Experten, Spezialisten und Beamte oder der Gesellschaft zur Unterhaltung und Belehrung zur Verfügung stellen, haben die *hommes de lettres* stets danach getrachtet, sich von Staat wie Gesellschaft in Distanz zu halten. Ihre materielle Existenz beruhte auf dem arbeitslosen Einkommen und ihre geistige Haltung auf der entschlossenen Weigerung, sich politisch oder gesellschaftlich einordnen zu lassen. Auf Grund dieser doppelten Unabhängigkeit konnten sie sich die souveräne Verachtung leisten, der die Lebensklugheit La Rochefoucaulds nicht weniger geschuldet ist als die Lebensweisheit Montaignes, die aphoristische Schärfe des Pascalschen Denkens nicht weniger als die Kühnheit und Vorurteilslosigkeit der politischen Reflektionen Montesquieus. Es kann hier nicht meine Aufgabe sein, darzustellen, auf Grund welcher Umstände die *hommes de lettres* im 18. Jahrhundert zu Revolutionären wurden, noch wie ihre Nachfahren im neunzehnten und zwanzigsten Jahrhundert sich dann in die Klasse der »Gebildeten« auf der einen, die der Berufsrevolutionäre auf der anderen Seite schieden. Ich erwähne diesen historischen Hintergrund nur, weil sich in Benjamin das Bildungselement auf so einzigartige Weise mit dem revolutionär-rebellischen vereinigte. Es war, als ob kurz vor seinem vermutlich endgültigen Verschwinden die Figur des *homme de lettres* sich noch einmal in der ganzen Fülle ihrer Möglichkeiten zeigen sollte, obwohl oder vielleicht gerade weil ihr die materielle Basis auf eine so katastrophale Weise entzogen war, so daß die rein geistige Passion, die diese Figur so liebenswert macht, sich auf eine um so eindringlichere und eindrucksvollere Weise entfalten und bewähren konnte.

An Anlässen zur Rebellion gegen die Herkunft und das Milieu der deutsch-jüdischen Gesellschaft im kaiserlichen Deutschland, in dem Benjamin aufwuchs, wie in der Weimarer Republik, in der er sich weigerte, einen Beruf zu ergreifen, hat es wahrlich nicht gefehlt. In der *Berliner Kindheit um Neunzehnhundert* schildert Benjamin das Haus, aus dem er kam – der Vater charakteristischerweise Kunsthändler und Antiquar, die Familie wohlhabend, durchschnittlich assimiliert, der eine Großelternteil orthodox, der andere der Reformgemeinde zugehörend –, als sei es »ein längst ihm zugedachtes Mausoleum« gewesen. »In meiner Kindheit war ich ein Gefangener des alten und neuen Westens. Mein Clan bewohnte diese beiden Viertel damals in einer Haltung, die gemischt war aus Verbissenheit und Selbstgefühl, und die aus ihnen ein Ghetto machte, das er als sein Leben betrachtete.« Die Verbissenheit galt dem Judentum: nur noch aus Verbissenheit hielt man an ihm fest; das Selbstgefühl hingegen der nicht-jüdischen Umwelt, in der man es immerhin doch recht weit gebracht hatte. Wie weit, zeigte sich an den Tagen, wenn Gesellschaft kam. Dann wurde das Innere des Büffets, um welches das Haus zentriert schien und das daher »mit gutem Grund den Tempelbergen ähnlich« sah, geöffnet, und nun konnte man »mit Schätzen prunken, wie die Götzen sie gern um sich haben«. Da kam der »Silberhort des Hauses« zum Vorschein, und was dort lag, »das war nicht zehnfach, nein zwanzig- oder dreißigfach vorhanden. Und wenn ich diese langen, langen Reihen von Mokkalöffeln oder Messerbänkchen, Obstmessern oder Austerngabeln sah, stritt mit der Lust an dieser Fülle Angst, als sähen die, die nun erwartet wurden, einander gleich wie unsere Tischbestecke.« Daß damit etwas radikal nicht in Ordnung war, wußte bereits das Kind, und zwar nicht nur, weil es die Armen gab (»Die Armen – für die reichen Kinder meines Alters gab es sie nur als Bettler. Und es war ein großer Fortschritt der Erkenntnis, als mir zum erstenmal die Armut in der Schmach schlechtbezahlter Arbeit dämmerte«), sondern weil »Verbissenheit« im Innern und »Selbstgefühl« nach außen eine Atmosphäre von Unsicherheit und Befangenheit erzeugten, die wahrlich für nichts weniger geeignet war, als Kinder in ihr aufzuziehen. Und dies galt nicht nur für Benjamin oder den Berliner Westen oder Deutschland. Man sehe nur, mit welcher Leidenschaft Kafka versuchte, seine Schwester dazu zu überreden, ihren zehnjährigen Sohn in einem Schulheim erziehen zu lassen, um ihn vor dem »von Kindern nicht abzuhaltenden besonderen Geist, der gerade in Prager wohlhabenden Juden wirkt, ... diesem kleinen, schmutzigen, blinden Geist« zu retten (*Briefe*, S. 340).

Es geht hier um das, was man damals, seit den siebziger und achtziger Jahren des vorigen Jahrhunderts, die Judenfrage nannte, und was es in dieser Form nur im deutschsprachigen Mitteleuropa dieser Jahrzehnte gegeben hat. Sie ist heute von der Katastrophe des europäischen Judentums gleichsam überspült und berechtigterweise in Vergessenheit geraten, wiewohl sie einem noch gelegentlich in dem Vokabular der älteren Generation deutscher Zionisten begegnet, deren Denkgewohnheiten in den ersten Jahrzehnten des Jahrhunderts geprägt worden sind. Zudem ist sie ohnehin immer nur eine Angelegenheit der jüdischen Intelligenzschicht und ohne allen Belang für das Gros des mitteleuropäischen Judentums gewesen. Für diese Schicht aber war sie von großem Belang; denn ihr Verhältnis zum Judentum, mit dem sie substantiell nichts mehr zu tun hatte, das jedoch jedem unentrinnbar als gesellschaftliches Phänomen begegnete, stellte sich als eine moralische Frage ersten Ranges heraus. In dieser moralischen Form kennzeichnete die Judenfrage in Kafkas Worten »die schreckliche innere Lage dieser Generationen« (S. 337). Es war also eine eminent persönliche Frage, um die es sich handelte, und die beiden Textstellen, die ich diesem Teil vorangestellt habe, stammen daher auch aus der Intimität eines Freundesbriefes und aus einem Tagebuch. Diese persönliche Verzweiflung wiederum steht so sehr im Vordergrund derer, die wir heute beinahe schon als die Klassiker einer noch nahen Vergangenheit ansehen, daß ich sie nicht einfach übergehen kann – um so mehr, als die unmittelbare Veranlassung eine von den Dingen ist, über die in Deutschland zu sprechen aus verständlichen Gründen nicht zum guten Ton gehört. So belanglos uns diese Problematik angesichts dessen, was sich dann wirklich ereignete, anmuten mag, weder Benjamin noch Kafka noch Karl Kraus sind ohne sie verständlich. Und Benjamin gerade hat genau gewußt, wie sehr ihm »die Auseinandersetzung in dem Grenzraum, den Kraus und den auf andere Weise Kafka bezeichne, angelegen« sein mußte[15]. Ich will der Einfachheit halber die Frage genauso stellen, wie sie damals gestellt und dann endlos diskutiert wurde, und zwar in einem großes Aufsehen erregenden Aufsatz *Deutsch-Jüdischer Parnass*, den Moritz Goldstein in der angesehenen Zeitschrift »Der Kunstwart« im Jahre 1912 veröffentlichte.

---

15 *Versuche über Brecht*, S. 122.

Die Frage, so wie sie sich laut Goldstein für die jüdische Intelligenz stellte, hatte einen doppelten Aspekt: die nicht-jüdische Umwelt und die assimilierte jüdische Gesellschaft –, und sie war seines Erachtens unlösbar. Was die nicht-jüdische Umwelt anlangte: »Wir Juden verwalten den geistigen Besitz eines Volkes, das uns die Berechtigung und die Fähigkeit dazu abspricht.« Und weiter: »Wir können unsere Gegner leicht ad absurdum führen und ihnen zeigen, daß ihre Feindschaft unbegründet ist. Was ist damit gewonnen? Daß ihr Haß *echt* ist. Wenn alle Verleumdungen widerlegt, alle Entstellungen berichtigt, alle falschen Urteile über uns abgewehrt sind, so bleibt die Abneigung als unwiderleglich übrig. Wer das nicht einsieht, dem ist nicht zu helfen.« Dies nicht einzusehen, ist das Unerträgliche an der jüdischen Gesellschaft, deren Vertreter Juden bleiben, sich aber nicht als solche bekennen wollen: »Wir werden ihnen die Frage, um die sie sich drücken, vor aller Welt in die Ohren schreiben; wir werden sie zwingen, sich als Juden zu bekennen oder taufen zu lassen.« Aber selbst wenn dies glücken, selbst wenn man aus der Verlogenheit dieses Milieus herauskommen sollte – was war damit gewonnen? Der »Sprung in die neu-hebräische Literatur« war für die lebende Generation unmöglich. Daher: »Unser Verhältnis zu Deutschland ist das einer unglücklichen Liebe. Wir wollen endlich männlich genug sein, uns die Geliebte aus dem Herzen zu reißen ... Ich habe gesagt, was wir wollen *müssen*. Ich habe auch gesagt, warum wir es nicht wollen *können*. Das Problem aufzuzeigen, war meine Absicht. Es ist nicht meine Schuld, daß ich keine Lösung weiß.« (Für sich selbst hat Goldstein die Frage sechs Jahre später gelöst, als er Feuilletonredakteur bei der Vossischen Zeitung wurde. Und was blieb ihm auch schließlich anderes übrig?)

Man könnte Moritz Goldstein damit abtun, daß er halt nur reproduziert habe, was Benjamin in einem Brief an Scholem (22. X. 1917) »ein Hauptstück der *vulgären* antisemitischen wie zionistischen Ideologie« nennt, wenn wir nicht bei Kafka auf einem ungleich ernsteren Niveau die gleiche Fragestellung und die gleiche Unlösbarkeit fänden. In einem Brief an Max Brod über deutsch-jüdische Autoren erklärt er, die Judenfrage bzw. »die Verzweiflung darüber war ihre Inspiration. Eine Inspiration, ehrenwert wie irgendeine andere, aber bei näherem Zusehen doch mit einigen traurigen Besonderheiten. Zunächst konnte das, worin sich ihre Verzweiflung entlud, nicht deutsche Literatur sein, die es äußerlich zu sein schien«, weil ja das Problem kein eigentlich deutsches war. Daher lebten sie »zwischen drei Unmöglichkeiten...: der Unmöglichkeit, nicht zu schreiben«, da sie ja ihre Inspiration nur durch Schreiben gewissermaßen loswerden konnten; »der Unmöglichkeit, deutsch zu schreiben«, da die Sprache selbst Kafka »als die laute oder stillschweigende oder auch selbstquälerische Anmaßung eines fremden Besitzes« galt, »den man nicht erworben, sondern durch einen (verhältnismäßig) flüchtigen Griff gestohlen hat und der fremder Besitz bleibt, auch wenn nicht der einzigste [sic] Sprachfehler nachgewiesen werden könnte«; schließlich »der Unmöglichkeit anders zu schreiben«, da eine andere Sprache ja nicht zur Verfügung stand. »Fast könnte man«, meint Kafka abschließend, »eine vierte Unmöglichkeit hinzufügen, die Unmöglichkeit zu schreiben, denn die Verzweiflung war ja nicht etwas durch Schreiben zu beruhigendes«, wie es bei Dichtern normal ist, denen ein Gott gegeben hat zu sagen, was Menschen leiden. Hier vielmehr wurde die Verzweiflung »ein Feind des Lebens *und* des Schreibens, das Schreiben war hier nur ein Provisorium, wie für einen, der sein Testament schreibt, knapp bevor er sich erhängt« (*Briefe*, S. 336–338).

Nichts wäre leichter als nachzuweisen, daß Kafka Unrecht hatte und daß sein eigenes Werk, welches die reinste deutsche Prosa des Jahrhunderts spricht, der beste Gegenbeweis seiner Ansichten ist. Solch ein Nachweis würde uns wohl allen gegen den Geschmack gehen, und er erübrigt sich schon darum, weil Kafka dies selbst sehr gut gewußt hat – »Wenn ich wahllos einen Satz hinschreibe«, notiert er gelegentlich in den *Tagebüchern*, »so ist er schon vollkommen«. So wie er auch als einziger gewußt hat, daß »Mauscheln« vielleicht nicht in deutschen Landen, wohl aber im deutschen Sprachraum seinen legitimen Ort hatte und nichts anderes war als einer der vielen deutschen Dialekte. Und da er zu recht meinte, daß »im Deutschen nur die Dialekte und außer ihnen nur das allerpersönlichste Hochdeutsch wirklich lebt«, war es natürlich nicht weniger legitim, aus dem »Mauscheln«, bzw.

dem Jiddischen, ins Hochdeutsche zu wechseln, als aus dem Plattdeutschen oder dem Alemannischen. Liest man seine Bemerkungen über die jüdische Schauspielertruppe, die ihn so faszinierte, so wird klar, daß es nicht so sehr das spezifisch Jüdische war, das ihn da anzog, als die Lebendigkeit der Sprache und Gebärden.

Gewiß ist es heute einigermaßen schwierig, diese Problematik zu verstehen oder ernstzunehmen, zumal es ja so nahe liegt, sie als bloße Reaktion auf den Antisemitismus der Umwelt und damit als einen Ausdruck des Selbsthasses mißzuverstehen. Davon aber kann bei den Personen von Rang keine Rede sein. Im Gegenteil, was der Kritik ihre eigentliche Schärfe gab, war niemals der Antisemitismus selbst, sondern die Reaktion des jüdischen Bürgertums, mit dem die Intelligenz sich keineswegs identifizierte. Und auch dabei handelte es sich kaum um die oft würdelose apologetische Haltung des offiziellen Judentums, mit dem die Intellektuellen nur wenig in Berührung kamen, sondern um das verlogene Leugnen der Existenz des Judenhasses, die mit allen Künsten des Selbstbetrugs inszenierte Absperrung dieser bürgerlichen Schichten von der Realität, zu der jedenfalls für Kafka auch die Absperrung gegen das jüdische Volk, gegen die sogenannten »Ostjuden« gehörte, die man gegen besseres Wissen für den Antisemitismus verantwortlich machte. Entscheidend war dabei immer der Realitätsverlust, zu dem natürlich die Wohlhabenheit dieser Schichten kräftig beitrug: »Bei armen Leuten«, meinte Kafka, »dringt nämlich gewissermaßen die Welt, das Arbeitsleben von selbst unhinderbar in die Hütte ... und läßt nicht die dumpfe, giftreiche, kinderauszehrende Luft des schön eingerichteten Familienzimmers entstehn« (S. 347). Der Kampf ging darum, in der Welt zu leben, so wie sie nun einmal ist – also z. B. auf die Ermordung Rathenaus (im Jahre 1922) vorbereitet zu sein: »unbegreiflich« für Kafka, »daß man ihn so lange leben ließ« (S. 378). Ausschlaggebend für die Schärfe der Problematik war schließlich, daß sie sich keineswegs bloß oder auch nur primär als Generationsbruch äußerte, dem man durch Flucht aus dem Elternhaus sich hätte entziehen können. Entscheidend war, daß nur die allerwenigsten unter den deutsch-jüdischen Autoren von dieser Problematik überhaupt betroffen waren, und diese wenigen waren von allen den anderen umgeben, von denen wir sie erst heute auf Grund ihres geistigen Ranges klar scheiden können. Kafka, der dies in dem oben zitierten Brief an den »sprachlichen Unmöglichkeiten« exemplifizierte und gleich hinzufügte, »sie könnten auch ganz anders genannt werden«, weist auf den zwischen Dialekt und gültiger Prosa im Hochdeutschen existierenden »sprachlichen Mittelstand« hin, der »nichts als Asche ist, die zu einem Scheinleben nur dadurch gebracht werden kann, daß überlebendige Judenhände sie durchwühlen«. Man braucht wohl nicht anzumerken, daß die überwältigende Majorität der jüdischen Intellektuellen diesem »Mittelstand« angehörte; sie bildeten nach Kafka die »Hölle des deutsch-jüdischen Schrifttums«, in der Karl Kraus als »der große Aufpasser und Zuchtmeister« waltete, ohne zu merken, wie sehr »er selbst in diese Hölle unter die zu Züchtenden mithineingehört«.[16] Daß man diese Dinge auch ganz anders, unter einem ganz anderen Aspekt sehen kann, wird deutlich, wenn man bei Benjamin den großartigen Ausspruch Brechts über Karl Kraus liest: »Als das Zeitalter Hand an sich legte, war er diese Hand.«

Zionismus und Kommunismus waren für die Juden dieser Generation (Kafka und Moritz Goldstein waren nur um 10 Jahre älter als Benjamin) die bereitstehenden Formen der Rebellion, wobei man in Rechnung stellen muß, daß die Generation der Väter die zionistische Rebellion oft bitterer verurteilte als die kommunistische. Beides waren Auswege aus der Realitätslosigkeit in die Welt, aus der Verlogenheit und dem Selbstbetrug in eine ehrliche Existenz. Aber so sieht es nur im Nachhinein aus. Zu der Zeit, als Benjamin es erst mit einem unentschiedenen Zionismus und dann mit einem im Grunde nicht weniger unentschiedenen Kommunismus versuchte, standen die Anhänger der beiden Ideologien sich in größter Feindschaft gegenüber: die Kommunisten diffamierten den Zionismus als jüdischen Faschismus – auch Brecht hat Benjamin vorgeworfen, sein Aufsatz über Kafka leiste »dem jüdischen Faschismus Vorschub« – und die Zionisten den Kommunismus der jüdischen Jugend als »rote Assimilation«. Es ist bemerkenswert und wohl einzigartig, wie Benjamin sich jahre-

16 Zitiert in Max Brod, *Franz Kafkas Glauben und Lehre*, 1948.

lang beide Wege gleichsam offen hielt, den Weg nach Palästina immer wieder in Erwägung zieht, als er schon längst Marxist geworden ist, ohne sich dabei im mindesten von der Meinung seiner marxistisch gesinnten Freunde, vor allem der Juden unter ihnen, irre machen zu lassen. Dies zeigt deutlich, wie wenig er in beiden Fällen an der »positiven« Ideologie interessiert war; wie es ihm in beiden Fällen um das »Negative« der Kritik an den bestehenden Verhältnissen ging, um den Ausweg aus Realitätslosigkeit und Verlogenheit, um eine Position außerhalb des Literatur- wie des akademischen Betriebes.

Er bezieht diese radikal kritische Position sehr jung, wohl noch ohne zu ahnen, in welche Vereinzelung und Vereinsamung sie ihn schließlich führen würde. So lesen wir in einem 1918 geschriebenen Briefe, daß Walther Rathenau, der Deutschland außenpolitisch repräsentieren will, und Rudolf Borchardt, der den Anspruch auf geistige Repräsentanz erhob, der »*Wille* zur Lüge«, »die objektive Verlogenheit« gemeinsam seien. Beide wollten nicht einer Sache – dem »Geist- und Sprachgut« des Volkes im Falle Borchardts, der Nation im Falle Rathenaus – durch ihre Werke »dienen«, sondern bedienten sich ihrer Werke und Talente als »selbstherrlicher Mittel« im »Dienst absoluten Machtwillens«. Hinzu kamen die Literaten, die ihren »Geist« in den Dienst der Karriere und des gesellschaftlichen Ansehens stellten: »Das Literatentum ist das Dasein im Zeichen des bloßen Geistes wie die Prostitution das Dasein im bloßen Zeichen des Sexus.« Wie die Prostituierte gerade die Geschlechtsliebe verrät, verrät der Literat den Geist, und es war dieser Verrat am Geist, den die Besten unter den Juden ihren Kollegen im Literaturbetrieb nicht verzeihen konnten. (»Ihre Funktion ist«, so meint er 1931, »politisch betrachtet, nicht Parteien, sondern Cliquen, literarisch betrachtet, nicht Schulen, sondern Moden, ökonomisch betrachtet, nicht Produzenten, sondern Agenten hervorzubringen. Agenten oder Routiniers, die großen Aufwand mit ihrer Armut treiben und sich aus der gähnenden Leere ein Fest machen. Gemütlicher konnte man sich's in einer ungemütlichen Situation nicht einrichten.«[17]) Im gleichen

---

17 Ursprünglich in »Linke Melancholie«, *Die Gesellschaft*, 1931; jetzt in *Versuche über Brecht*, S. 109.

Sinne schreibt Benjamin ein Jahr nach dem Rathenau-Mord an einen nahen deutschen Freund, »daß der Jude heute auch die beste deutsche Sache, für die er sich *öffentlich* einsetzt, preisgibt, weil seine öffentliche deutsche Äußerung notwendig käuflich (im tieferen Sinn) ist, sie kann nicht das Echtheitszeugnis beibringen«. Legitim seien nur die privaten, gleichsam »geheimen Beziehungen zwischen Deutschen und Juden«; während »alles, was von deutsch-jüdischen Beziehungen heute *sichtbar* wirkt, dies zum Unheil tut«. An diesen Worten war viel Wahres. Aus der Perspektive der damaligen Judenfrage gesprochen, bezeugen sie die Finsternis der Zeit, in der man mit Recht sagen konnte: »Das Licht der Öffentlichkeit verdunkelt alles« (Heidegger).

Schon 1913 erwägt Benjamin die Position des Zionismus »als Möglichkeit und damit vielleicht als Verpflichtung« im Sinne dieser doppelten Rebellion gegen das Elternhaus und den deutsch-jüdischen Literaturbetrieb. Zwei Jahre später lernt er Gerhard Scholem kennen, in dem ihm zum ersten und einzigen Mal »Judentum in lebendiger Gestalt« begegnet; und nun beginnen auch sehr bald diese kuriosen endlosen Erwägungen einer Auswanderung nach Palästina, die sich durch nahezu zwanzig Jahre hinziehen. »Unter gewissen, gar nicht unmöglichen Voraussetzungen bin ich [bereit nach Palästina zu gehen], um nicht zu sagen entschlossen. Hier in Österreich sprechen die Juden (die anständigen, die nicht verdienen) von nichts anderem«, schreibt er 1919, hält aber gleichzeitig den Plan für einen »Gewaltakt«, unvollziehbar, es sei denn, er stelle sich als notwendig heraus. Wann immer solche Notwendigkeiten finanzieller oder politischer Art eintraten, erwägt er wieder den Plan und geht nicht. Es ist schwer zu sagen, ob es ihm damit nach der Trennung von seiner Frau, die aus einem zionistischen Milieu kam, noch wirklich ernst war; fest steht, daß er noch in den Jahren der Pariser Emigration ankündigt, er würde vielleicht »nach einem mehr oder weniger definitiven Abschluß meiner Studien im Oktober oder November nach Jerusalem« kommen. Was in den Briefen wie Unentschlossenheit wirkt – als habe er zwischen Zionismus und Kommunismus hin- und hergeschwankt –, dürfte in Wahrheit die Folge der bitteren Einsicht gewesen sein, daß alle Lösungen nicht nur objektiv falsch, der

Wirklichkeit unangemessen waren, sondern daß sie ihn persönlich in eine Erlösungslüge führen würden, gleich ob diese Erlösung nun Moskau oder Jerusalem hieß. Er würde sich damit gerade um die positiven Erkenntnischancen seiner eigenen Position bringen – »auf der Spitze des Mastbaums, der schon zermürbt ist« oder »tot zu Lebzeiten und der eigentlich Überlebende« unter Trümmern. Er hatte sich in den verzweifelten Umständen, die der Wirklichkeit entsprachen, angesiedelt; in ihnen wollte er verharren, um die eigenen Schriften zu »denaturieren« »wie Spiritus ... auf die Gefahr hin, daß sie ungenießbar für jeden« der jetzt Lebenden werden und desto verläßlicher in eine unbekannte Zukunft gerettet werden können.

Denn es lag ja keineswegs so, daß die Unlösbarkeit der Judenfrage dieser Generation nur darin bestand, daß sie deutsch sprachen und schrieben und ihre »Produktionsanstalt« in Europa, in Benjamins Fall in »Berlin W.« oder auch Paris lag, worüber er »nicht die mindesten Illusionen hegte«. Entscheidender war, daß sie ins Judentum nicht zurück wollten, nicht zurück wollen konnten; aber nicht weil sie an Fortschritt und damit ein automatisches Verschwinden des Judenhasses glaubten oder weil sie zu »assimiliert«, dem Judentum der Herkunft zu entfremdet gewesen wären, sondern weil ihnen alle Traditionen und Kulturen gleich fragwürdig geworden waren. Und das gleiche gilt für die von den Zionisten vorgeschlagene »Rückkehr« ins jüdische Volk; sie hätten alle sagen können, was Kafka gelegentlich über seine eigene Zugehörigkeit zum jüdischen Volk gesagt hat: »mein Volk, vorausgesetzt, daß ich eines habe« (Kafka, *Briefe*, S. 183).

Dies aber war nur die persönliche und vergleichsweise, möchte man meinen, harmlose Seite des Konflikts. Was Benjamin am Marxismus gerade in seiner kommunistisch revolutionären Gestalt anzog, war die Radikalität einer Kritik, die sich nicht mit Gegenwartsanalysen bestehender Verhältnisse begnügte, sondern die gesamte geistige und politische Überlieferung mit in Betracht zog. Entscheidend für ihn war die Frage der Tradition überhaupt, und zwar genau so wie Scholem sie, allerdings ohne der Problematik gewahr zu werden, in einem der Briefe an den Freund anschneidet. Er warnt ihn vor den Gefahren, die gerade seiner Denkweise durch den Marxismus drohen, und fügt dann hinzu, er brächte sich um die Chance, »der legitime Fortsetzer der fruchtbarsten und echtesten Traditionen eines Hamann und Humboldt« zu werden. Scholem appelliert an »die Moralität der Einsichten« und versteht nicht, daß es gerade diese Moralität war, die Benjamin eine Rückkehr und Fortsetzung jeglicher Tradition schlechterdings verbot[18].

Es liegt nahe und wäre auch tröstlich zu denken, daß die Wenigen, die sich auf die exponiertesten Posten der Zeit vorgewagt und den Preis der Vereinsamung voll gezahlt hatten, sich wenigstens als die Vorläufer einer neuen Zeit fühlten. Davon kann keine Rede sein. Kafka hat sich zu dieser Frage auf eine um so bemerkenswertere Weise geäußert, als sie mit Benjamins Ansicht in einem entscheidenden Punkte zusammentrifft: »Alles, was er tut«, notierte er in den späten, »Er« überschriebenen Aphorismen, »kommt ihm zwar außerordentlich neu vor, aber auch entsprechend dieser unmöglichen Fülle des Neuen außerordentlich dilettantisch, kaum einmal erträglich, unfähig historisch zu werden, die Kette der Geschlechter sprengend, die bisher immer wenigstens zu ahnende Musik der Welt zum erstenmal bis in alle Tiefen hinunter abbrechend. Manchmal hat er in seinem Hochmut *mehr Angst um die Welt als um sich.*« Und Benjamin, der die gleiche Frage in seinem Essay über Karl Kraus aufwirft, fragt: Steht er »an der Schwelle einer neuen Zeit«? »Ach, durchaus nicht. Er steht nämlich an der Schwelle des Weltgerichts.« Und an dieser Schwelle haben im Grunde alle gestanden, die dann die Meister der »neuen Zeit« wurden, sie haben ihren Anbruch vor allem als Untergang gesehen und die Geschichte mitsamt ihren Traditionen, die zu ihm führte, als einen Trümmerhaufen. – »Wir wissen, daß wir Vorläufige sind / Und nach uns wird kommen: nichts Nennenswertes« (Brecht). Niemand hat dies klarer ausgesprochen als Benjamin in den *Geschichtsphilosophischen Thesen*, und nirgends hat er es eindeutiger gesagt als in der folgenden Briefstelle aus Paris im Jahre 1935:

18 Pierre Missac kommt in dem oben zitierten Aufsatz auf die gleiche Briefstelle zu sprechen und meint: »Sans sous-estimer la valeur d'une telle réussite [d'être le successeur de Hamann et de Humboldt], on peut penser que Benjamin recherchait aussi dans le marxisme un moyen d'y échapper.«

»Im übrigen unterliege ich kaum der Nötigung, mir auf diesen Weltzustand im großen und ganzen einen Vers zu machen. Es sind auf diesem Planeten schon sehr viele Kulturen in Blut und Grauen zugrunde gegangen. Natürlich muß man ihm wünschen, daß er eines Tages eine erlebt, die beide hinter sich gelassen hat – ja, ich bin ... geneigt anzunehmen, daß er darauf wartet. Aber ob *wir* ihm dieses Geschenk auf den hundert- oder vierhundertmillionsten Geburtstagstisch legen können, das ist eben furchtbar fraglich. Und wenn nicht, so wird er uns schließlich zur Strafe, als seinen unaufmerksamen Gratulanten, das Weltgericht auftragen lassen.«

Nun, in dieser Hinsicht haben die letzten dreißig Jahre wohl kaum etwas Neues gebracht.

III. Der Perlentaucher

> Full fathom five thy father lies;
>   Of his bones are coral made:
> Those are pearls that were his eyes:
>   Nothing of him that doth fade
> But doth suffer a sea-change
> Into something rich and strange.
>
> Fünf Faden tief liegt Vater dein:
> Sein Gebein wird zu Korallen;
> Perlen sind die Augen sein:
> Nichts an ihm, das soll verfallen,
> Das nicht wandelt Meereshut
> In ein reich und seltnes Gut.
>
> Der Sturm I,2

Sofern Vergangenheit als Tradition überliefert ist, hat sie Autorität; sofern Autorität sich geschichtlich darstellt, wird sie zur Tradition. Walter Benjamin wußte, daß Traditionsbruch und Autoritätsverlust irreparabel waren, und zog daraus den Schluß, neue Wege für den Umgang mit der Vergangenheit zu suchen. In diesem Umgang wurde er ein Meister, als er entdeckte, daß an die Stelle der Tradierbarkeit der Vergangenheit ihre Zitierbarkeit getreten war, an die Stelle ihrer Autorität die gespenstische Kraft, sich stückweise in der Gegenwart anzusiedeln und ihr den falschen Frieden der gedankenlosen Selbstzufriedenheit zu rauben. »Zitate in meiner Arbeit sind wie Räuber am Weg, die bewaffnet hervorbrechen und dem Müßiggänger die Überzeugung abnehmen.« Aber wenn auch »erst der Verzweifelnde«, nämlich der an der Gegenwart Verzweifelnde (wie Benjamin an Karl Kraus exemplifiziert) »im Zitat die Kraft [entdeckt]: nicht zu bewahren, sondern zu reinigen, aus dem Zusammenhang zu reißen, zu zerstören«, so sind doch diese Entdecker des Destruktiven ursprünglich von einer ganz anderen Absicht beseelt, nämlich von der Absicht zu bewahren; und nur weil er sich nichts vormachen läßt von den berufsmäßigen »Bewahrern« der Vergangenheit, der Werte, des Positiven usw., entdeckt er schließlich, daß die destruktive Kraft des Zitats »die einzige [ist], in der noch Hoffnung liegt, daß einiges aus diesem Zeitraum überdauert – weil man es nämlich aus ihm herausschlug«. In dieser Form von »Denkbruchstücken« hat das Zitat die Aufgabe, den Fluß der Darstellung mit »transzendenter Wucht« sowohl zu unterbrechen wie das Dargestellte in sich zu versammeln. An Gewicht kann es sich in Benjamins Arbeit nur mit dem ganz anders gearteten autoritären Zitat messen, das in den Traktaten des Mittelalters die immanente Stimmigkeit der Beweisführung ersetzt.

Ich erwähnte bereits, daß Benjamins zentrale Leidenschaft das Sammeln war. Es fing früh an mit dem, was er selbst seine »Bibliomanie« genannt hat, aber diese transformierte sich bald – ungleich charakteristischer, wenn nicht für die Person, so sicher für das Werk – in das Sammeln von Zitaten. (Nicht, daß er das Büchersammeln je aufgegeben hätte; noch kurz vor dem Zusammenbruch Frankreichs erwog er ernstlich, sein Exemplar der Gesammelten Werke Kafkas, die damals gerade in fünf Bänden erschienen waren, gegen ein paar Erstausgaben der frühen Schriften einzutauschen, ein Unterfangen, das natürlich jedem Nicht-Bibliophilen unverständlich bleiben mußte.) Das »innere Bedürfnis, eine Bibliothek zu besitzen«, machte sich in der gleichen Zeit, um 1915, geltend, in der er seine Studien der Romantik als der »letzten Bewegung, die noch einmal die Tradition hinüberrettete«, zuwandte. Daß auch in dieser Leidenschaft des Erbens schon ein gewisser Destruktionstrieb waltete, hat er erst viel später entdeckt, als er bereits den Glauben an Tradition und Unzerstörbarkeit der Welt verloren hatte. (Davon wird gleich die Rede sein.) Damals meinte er noch, von Scholem bestärkt, daß die eigene Entfremdung von der Tradition wohl seinem Judentum geschuldet sei und daß es für ihn vielleicht den Weg zurück ebenso geben könnte wie für den Freund, der seine Auswanderung nach Jerusalem vorbereitete. (Schon 1920, noch von keinen Geldnöten ernstlich geplagt, denkt er daran, Hebräisch zu lernen.) Er hat diesen Weg nie auch nur so weit beschritten wie etwa Kafka, der nach allen Bemühungen unverblümt erklärte, daß er mit nichts Jüdischem etwas anfangen könne, außer den von Buber für modernen Gebrauch präparierten chassidischen Geschichten

– »in alles andere werde ich nur hineingeweht und ein anderer Luftzug bringt mich wieder fort« (*Briefe*, S. 173). Also – trotz aller Zweifel zurück in die deutsche oder europäische Vergangenheit und mithelfen an der Tradierbarkeit ihrer Literatur?

So stellte sich die Frage wohl Anfang der zwanziger Jahre vor der Hinwendung zum Marxismus. Damals wählte Benjamin sich das deutsche Barock als Thema für die Habilitationsschrift, und diese Wahl ist für die Zweideutigkeit dieser ganzen noch unentschiedenen Problematik sehr charakteristisch. Denn das Barock ist in der deutschen literarischen Überlieferung eigentlich niemals lebendig gewesen, mit Ausnahme der großen Kirchenchoräle aus der Zeit. Goethe hat mit Recht gemeint, daß die deutsche Literatur, als er achtzehn Jahre alt war, auch nicht älter gewesen sei. Und Benjamins im doppelten Sinne barocke Wahl hat ihr genaues Gegenstück in Scholems merkwürdigem Entschluß, sich dem Judentum auf dem Weg der Kabbala zu nähern, also dem im Sinne jüdischer Tradition Untradierten und Untradierbaren, dem zudem noch etwas ausgesprochen Anrüchiges anhaftete. Nichts, möchte man im Nachhinein meinen, zeigte deutlicher als die Wahl dieser Arbeitsgebiete, daß es den Weg zurück nicht gab – weder in die deutsche oder europäische noch in die jüdische Tradition. Implizit war damit zugestanden, daß das Vergangene von sich aus nur noch aus Dingen sprach, die nicht tradiert waren, deren scheinbare Gegenwartsnähe also gerade ihrem exotischen Charakter geschuldet war, und die darum auf keinen Fall Anspruch erheben konnten, zu verpflichten.

An die Stelle des verpflichtenden Wahren trat das in irgendeinem Sinne Bedeutende, Sinnträchtige; und dies hieß natürlich, wie Benjamin genau wußte, daß die »Konsistenz der Wahrheit ... verlorengegangen ist«. Zur »Konsistenz der Wahrheit« gehörte – jedenfalls für Benjamin, dessen erste Denkversuche durchaus theologisch inspiriert waren –, daß sie ein Geheimnis betrifft und daß die Offenbarung dieses Geheimnisses Autorität hat. Wahrheit, sagt er kurz bevor ihm der unheilbare Traditionsbruch und Autoritätsverlust voll ins Bewußtsein trat, ist nicht »Enthüllung, die das Geheimnis vernichtet, sondern Offenbarung, die ihm gerecht wird«. War diese Wahrheit erst einmal an dem ihr gemäßen geschichtlichen Augenblick in die Menschenwelt getreten – sei es als die griechische, visuell mit den Augen des Geistes erblickbare *a-letheia*, die wir mit Heidegger als »Unverborgenheit« verstehen, sei es als das akustisch vernehmbare Wort Gottes, wie wir es aus den europäischen Offenbarungsreligionen kennen –, so war es diese ihr eigentümliche »Konsistenz«, die sie gewissermaßen handlich und damit tradierbar machte: sie wurde als »Weisheit« zum »Traditionsgut«, und Weisheit ist die Konsistenz der tradierbaren Wahrheit. Mit anderen Worten: selbst wenn Wahrheit in unserer Welt auftreten sollte, so kann sie nicht zur Weisheit führen, weil sie die Eigenschaften, die sie nur durch allgemeine Anerkennung ihrer Gültigkeit gewinnen kann, nicht mehr besitzt.

Benjamin spricht über diese Dinge anläßlich Kafkas und sagt, daß Kafka natürlich »weit entfernt [war] der erste zu sein, der sich dieser Tatsache gegenübersah. Viele hatten sich mit ihr eingerichtet, festhaltend an der Wahrheit oder an dem, was sie jeweils dafür gehalten haben; schweren oder auch leichteren Herzens verzichtleistend auf ihre Tradierbarkeit. Das eigentlich Geniale an Kafka war, daß er etwas ganz neues ausprobiert hat: er gab die Wahrheit preis, um an der Tradierbarkeit ... festzuhalten.« Kafka tat dies, indem er überkommene »Gleichnisse« entscheidend veränderte oder neue im Stile der Tradition erfand, nur daß diese sich »der Lehre nicht schlicht zu Füßen« legen, sondern »unversehens eine gewichtige Pranke gegen sie« erheben. Schon Kafkas Griff in den Meeresgrund des Vergangenen hatte diese eigentümliche Doppelheit von Bewahren- und Destruierenwollen an sich: er wollte es bewahren, auch wenn es nicht Wahrheit war, schon um dieser »neuen Schönheit in dem Entschwindenden« willen, von der Benjamin anläßlich Lesskows spricht; und er wußte andererseits, daß man die Tradition nicht wirksamer zerschlagen kann, als indem man sich das »Reiche und Seltsame«, die Korallen und Perlen, aus dem Überkommenen herausbricht.

Diese Zweideutigkeit der Geste mit Bezug auf die Vergangenheit hat Benjamin am Typus des Sammlers, und das heißt an sich selbst, auf einzigartige Weise aufgezeigt. Der *Sammler* hat mancherlei, ihm oft undurchsichtige Motive. Das Sammeln ist, wie Benjamin wohl als erster betont hat, die Leidenschaft der Kinder, für welche die Dinge noch keinen Warencharakter haben, und es ist das Hobby der reichen Leute, die genug haben, um Nützliches nicht mehr zu brauchen, und es sich leisten können, »die Verklärung der Dinge zu [ihrer] Sache zu machen«. Dabei müssen sie notwendigerweise das Schöne entdecken, das auf das »uninteressierte Wohlgefallen« rechnet, um sich zur Geltung zu bringen; auf jeden Fall setzen sie den Liebhaberwert an die Stelle des Gebrauchswerts. (Daß Sammeln außerdem eine besonders sichere und oft höchst profitable Anlage von Vermögenswerten sein kann, war noch nicht in Benjamins Gesichtskreis getreten.) Und sofern sich das Sammeln an jeden Gegenstand hängen kann (nicht nur an Kunstgegenstände, die der alltäglichen Welt der Gebrauchsgegenstände ohnehin entzogen sind, weil sie zu nichts »gut« sind) und diesen Gegenstand damit als Ding gleichsam erlöst – er ist nun zu nichts mehr gut, Mittel zu keinem Zweck, er hat seinen Wert in sich –, ist das Sammeln für Benjamin eine der revolutionären Tätigkeit verwandte Haltung. Auch der Sammler, wie der Revolutionär, »träumt sich nicht nur in eine ferne oder vergangene Welt, sondern zugleich in eine bessere, in der zwar die Menschen ebensowenig mit dem versehen sind, was sie brauchen, wie in der alltäglichen, aber die Dinge von der Fron frei sind, nützlich zu sein«. Das Sammeln ist die Erlösung der Dinge, welche die der Menschen komplementär ergänzen soll. Schon das Lesen der Bücher ist dem echten Bibliophilen fragwürdig: »Und das haben Sie alles gelesen?« soll ein Bewunderer seiner Bibliothek Anatole France gefragt haben. »Nicht ein Zehntel. Oder speisen Sie täglich von Ihrem Sèvres?« (In Benjamins Bibliothek gab es eine Sammlung seltener Kinderbücher wie der Bücher von Geisteskranken, und da er sich weder mit Kinderpsychologie noch mit Psychiatrie beschäftigte, waren sie wortwörtlich wie viele andere seiner Kostbarkeiten zu nichts gut. Sie dienten weder der Unterhaltung noch der Belehrung.) Hiermit hängt aufs engste der Fetischcharakter zusammen, den Benjamin ausdrücklich für den gesammelten Gegenstand in Anspruch nimmt. Der für den Sammler wie für den von ihm bestimmten Markt entscheidende Echtheitswert ist an die Stelle des »Kultwerts« getreten, ist seine Säkularisierung.

Diesen Reflexionen haftet wie oft bei Benjamin etwas Geistreiches an, das für seine wesentlichen Einsichten, die zumeist sehr handfester Natur sind, gerade nicht bezeichnend ist, wohl aber charakteristisch für das ihm eigentümliche Flanieren auch im Geistigen, bei dem er – wie der Flaneur in der Stadt – als Führer auf seinen Entdeckungsreisen dem Zufall vertraut. In diesem Zusammenhang ist wesentlich, daß »die Haltung des Sammlers ... im höchsten Sinne die Haltung des Erben« ist, der sich, indem er von den Dingen Besitz ergreift – und »der Besitz [ist] das allertiefste Verhältnis, das man zu Dingen überhaupt haben kann« –, in der Vergangenheit einrichtet, um so ungestört von der Gegenwart die »alte Welt zu erneuern«. Und da dieser »tiefste Trieb« im Sammler ein reines Privatvergnügen ist, muß alles, »was aus dem Sehwinkel eines echten Sammlers gesagt wird«, so »schrullig« erscheinen wie die in der Tat echt Jean Paulsche Vorstellung von einem Schriftsteller, der »Bücher nicht aus Armut, sondern aus Unzufriedenheit mit den Büchern [schreibt], welche er kaufen könnte und die ihm nicht gefallen«. Nun finden sich aber bei näherem Zusehen an dieser Schrulligkeit des Sammlers einige höchst merkwürdige Besonderheiten. Da ist einmal die für diese Zeit bezeichnende Geste, mit der der Sammler sich nicht nur aus der gegenwärtigen Öffentlichkeit einfach in sein Privatleben zurückzieht, sondern in seinen Privatbesitz die Dinge mitnimmt und, wie er meint, hinüberrettet, die einmal der Öffentlichkeit gehörten. (Es handelt sich hier natürlich noch nicht um den heutigen Sammlertypus, der sich dessen bemächtigt, was öffentlichen Marktwert hat oder seiner Meinung nach haben wird, sondern um den, der wie Benjamin gerade dem Absonderlichen nachjagt, das als wertlos gilt.) Ferner kommt in dieser Leidenschaft für das Vergangene um des Vergangenen willen bereits ein sehr merkwürdiger Zug zum Vorschein, der anzeigt, daß gerade die Tradition bei diesem »Erben« zu kurz kommt und ihre Werte bei ihm keineswegs so gut aufgehoben sind, wie es auf den ersten Blick scheinen könnte.

Der Überlieferung ist es eigen, das Vergangene zu ordnen, und zwar nicht nur chronologisch, sondern auch systematisch, nämlich das Positive vom Negativen zu sondern und das Verpflichtende und Maßgebliche herauszuheben aus der Masse unerheblicher oder bloß interessanter Meinungen und Phänomene, die auch vorkommen. Die Leidenschaft des Sammlers hingegen ist nicht nur unsystematisch, sie grenzt ans Chaotische, und zwar nicht so sehr, weil sie Leidenschaft ist, sondern weil sie sich primär gar nicht an der Qualität des Gegenstandes, die klassifizierbar ist, entzündet, vielmehr an seiner »Echtheit«, an seiner Einzigartigkeit, die alle systematische Zuordnung sprengt. Während also die Tradition die Vergangenheit profiliert, ebnet der Sammler alle Unterschiede ein. Und diese Einebnung: daß »das Positive und Negative – Vorliebe und Verwerfung – hier eng aneinander« stoßen, findet auch dann statt, sogar in ausgezeichnetem Maß, wenn der Sammler die Überlieferung selbst zu seinem Spezialgebiet gemacht hat und alles von ihr nicht Anerkannte sorgfältig ausscheidet. Gegen die Tradition setzt der Sammler das Kriterium der Echtheit, gegen das Maßgebliche das Signum des Ursprungs, gegen eine inhaltliche Qualität also, wenn man diese Denkungsart ins theoretisch Gedankliche übersetzt, die reine Ursprünglichkeit oder Authentizität, die erst der französische Existentialismus zu einer von allen spezifischen Eigenschaften abgelösten Qualität an sich gemacht hat. Treibt man nun diese Denkungsart in die ihr gemäße gedankliche Konsequenz, so kommt es zu einer merkwürdigen Umkehrung des ursprünglichen Sammler-Triebes: »Das echte Bild mag alt sein, aber der echte Gedanke ist neu. Er ist von heute. Dies Heute mag dürftig sein, zugegeben. Aber es mag sein wie es will, man muß es fest bei den Hörnern haben, um die Vergangenheit befragen zu können. Es ist der Stier, dessen Blut die Grube erfüllen muß, wenn an ihrem Rande die Geister der Abgeschiedenen erscheinen sollen.« Aus dieser für die Beschwörung der Vergangenheit geopferten Gegenwart stammt dann »die tödliche Stoßkraft des Gedankens«, die sich gegen das Vergangene als Tradition und Autorität richtet. Also: »Nicht an das gute Alte anknüpfen, sondern an das schlechte Neue.«

Unversehens verwandelt sich so der Erbe und Bewahrer in einen Zerstörer. »Die wahre, sehr verkannte Leidenschaft des Sammlers ist immer anarchistisch, destruktiv. Denn dies ist ihre

Dialektik: Mit der Treue zum Ding, zum Einzelnen, bei ihm Geborgenen, den eigensinnigen subversiven Protest gegen das Typische, Klassifizierbare zu verbinden.«[19] Der Sammler zerstört den Zusammenhang, in dem sein Gegenstand einmal nur Teil eines größeren lebendigen Ganzen gewesen ist, und da für ihn nur das einmalig Echte in Betracht kommt, muß er den erwählten Gegenstand von allem reinigen, was an ihm typisch ist. Die Figur des Sammlers, ihrer Herkunft nach so altertümlich wie die des Flaneurs, kann in Benjamin so eminent moderne Züge annehmen, weil die Geschichte selbst, nämlich der im Anfang dieses Jahrhunderts vollzogene Traditionsbruch, ihm diese Arbeit des Zerstörens bereits abgenommen hat, und er sich gleichsam nur zu bücken braucht, um sich seine kostbaren Bruchstücke aus dem Trümmerhaufen des Vergangenen herauszulesen. Mit anderen Worten, die Dinge boten gerade dem, der sich fest an das Heute hielt, von sich her einen Aspekt dar, der zuvor nur aus der schrulligen Perspektive des Sammlers zu entdecken gewesen war.

Ich weiß nicht, wann Benjamin die merkwürdige Koinzidenz seiner altertümlichen Triebe mit den Gegebenheiten der Zeit entdeckt hat; es muß in der Mitte der zwanziger Jahre gewesen sein, als er anfing, sich ernsthaft mit Kafka auseinanderzusetzen, um nur wenig später in Brecht den dieser Zeit gemäßen Dichter zu entdecken. Ich will auch nicht behaupten, daß er von einem Tag auf den anderen oder auch nur von einem Jahr aufs andere den Akzent vom Büchersammeln auf das nur ihm eigene Zitate-Sammeln verlegte, obwohl in den Briefen einiges für eine bewußte Akzentverschiebung spricht. Jedenfalls war nichts für ihn in den dreißiger Jahren charakteristischer als die kleinen, schwarz-gebundenen Notizbüchlein, die er immer bei sich trug und in die er unermüdlich in Zitaten eintrug, was das tägliche Leben und Lesen ihm an »Perlen und Korallen« zutrug, um sie dann gelegentlich wie Stücke einer erlesen kostbaren Sammlung vorzuzeigen und vorzulesen. Und in dieser gar nicht mehr schrulligen Sammlung konnte man ohne Schwierigkeit neben einem verschollenen Liebesgedicht aus dem achtzehnten Jahrhundert die jüngste Zei-

---

19 In »Lob der Puppe«, *Literarische Welt*, 10. 1. 1930.

tungsnachricht finden, neben Goeckinghs »Der erste Schnee« die Meldung aus Wien im Sommer 1939, daß die dortige »Gasanstalt ... die Belieferung der Juden mit Gas eingestellt [hat]. Der Gasverbrauch der jüdischen Bevölkerung brachte für die Gasgesellschaft Verluste mit sich, da gerade die größten Konsumenten ihre Rechnungen nicht beglichen. Die Juden benutzten das Gas vorzugsweise zum Zwecke des Selbstmords« (*Briefe*, II. Bd., S. 820). Hier wurden die Geister der Abgeschiedenen nun in der Tat nur noch aus der Opfergrube des Heute beschworen.

Wie legitim und dem Traditionsbruch der Zeit gemäß die scheinbar schrullige Figur des Sammlers, der aus dem Trümmerhaufen des Vergangenen sich seine Fragmente und Bruchstücke zusammenholt, in Wahrheit ist, macht man sich vielleicht am besten an der nur auf den ersten Blick verblüffenden Tatsache klar, daß es wohl keine Zeit vor der unsrigen gegeben hat, in der Altes, Ältestes und viel von der Überlieferung längst Vergessenes zum allgemeinen Bildungsgut geworden ist, das in Hunderttausenden von Exemplaren jedem Schuljungen in die Hand gedrückt wird. Diese erstaunliche Belebung vor allem auch der Antike, die sich seit den vierziger Jahren vielleicht am stärksten in dem vergleichsweise traditionslosen Amerika geltend macht, hatte in Europa in den zwanziger Jahren begonnen. Und sie wurde dort von denen in die Wege geleitet, die sich der Unheilbarkeit des Traditionsbruchs am klarsten bewußt waren – also in Deutschland, und nicht nur in Deutschland, vor allem von Martin Heidegger, dessen außerordentlicher und außerordentlich früher Erfolg zu einem wesentlichen Teil auch einem »Hören auf die Überlieferung« geschuldet ist, »das nicht Vergangenem nachhängt, sondern das Gegenwärtige bedenkt«[20]. Mit Heideggers großem Spürsinn für das, was aus lebendigem Auge und lebendigem Gebein Perle und Koralle geworden und als solches nur durch die »Gewaltsamkeit« der Interpretation, nämlich »die tödliche Stoßkraft« neuer Gedanken zu retten und in die Gegenwart zu heben ist, hatte Benjamin, ohne es zu wissen, im Grunde erheblich mehr gemein als mit den dialektischen Subtilitäten seiner marxistischen Freunde.

20 Siehe *Kants These über das Sein*, Frankfurt 1962, S. 8.

Denn wie etwa jener (schon im 1. Teil dieser Studie zitierte) Satz, der den Wahlverwandtschaften-Essay beschließt – »Nur um der Hoffnungslosen willen ist uns die Hoffnung gegeben« –, klingt, als habe ihn Kafka geschrieben, so könnte man bei den folgenden im Jahre 1924 geschriebenen Worten (aus einem Brief an Hofmannsthal) wohl meinen, sie stammten aus einer Schrift von Heidegger aus den vierziger oder fünfziger Jahren: »Die Überzeugung, welche in meinen literarischen Versuchen mich leitet ... [ist], daß jede Wahrheit ihr Haus, ihren angestammten Palast, in der Sprache hat, daß er aus den ältesten logoi errichtet ist und daß der so gegründeten Wahrheit gegenüber die Einsichten der Einzelwissenschaften subaltern bleiben, solange sie gleichsam nomadisierend, bald hier, bald da im Sprachbereich sich behelfen, befangen in jener Anschauung vom Zeichencharakter der Sprache, der ihrer Terminologie die verantwortungslose Willkür aufprägt.« Die Worte nämlich sind im Sinne von Benjamins frühen sprachphilosophischen Versuchen »das Gegenteil aller nach außen gerichteten Mitteilung«, wie die Wahrheit überhaupt »der Tod der Intention« ist. Wer sie befragt, dem ergeht es wie dem Mann in der Fabel vom verschleierten Bilde zu Sais – »nicht eine rätselhafte Gräßlichkeit des Sachverhalts ist's, die das bewirkt, sondern die Natur der Wahrheit, vor welcher auch das reinste Feuer des Suchens wie unter Wasser verlischt!«

Seit dem Wahlverwandtschaften-Essay steht im Zentrum jeder Arbeit Benjamins das Zitat. Schon dadurch unterscheiden sie sich von gelehrten Abhandlungen aller Art, in denen Zitate die Aufgabe haben, Meinungen zu belegen, und daher ruhig in den Anmerkungsapparat verwiesen werden können. Davon kann bei Benjamin keine Rede sein. Als er die Arbeit über das deutsche Trauerspiel vorbereitete, rühmte er sich einer Sammlung von »über 600 Zitaten ... in bester Ordnung und Übersichtlichkeit«, und diese Sammlung, wie die späteren Notizbücher, war nicht eine Anhäufung von Exzerpten, welche die Niederschrift erleichtern sollten, sondern stellte bereits die Hauptarbeit dar, der gegenüber die Niederschrift sekundärer Natur war. Die Hauptarbeit bestand darin, Fragmente aus ihrem Zusammenhang zu reißen und sie neu anzuordnen, und zwar so, daß sie sich gegenseitig illuminieren und gleichsam freischwebend ihre Existenzberechtigung bewähren konnten. Es handelte sich durchaus um eine Art surrealistischer Montage. Sein Ideal, eine Arbeit herzustellen, die nur aus Zitaten bestand, also so meisterhaft montiert war, daß sie jeder begleitenden Rede entraten konnte, mag skurril und selbstzerstörerisch anmuten, war es aber so wenig wie die gleichzeitigen surrealistischen Versuche, die ähnlichen Impulsen ihre Entstehung verdanken. Sofern aber ein begleitender Text des Autors selbst nicht zu vermeiden war, galt es ihn so zu gestalten, daß »die Intention solcher Untersuchungen«, nämlich »die sprachliche und gedankliche Tiefe ... nicht sowohl auszuschachten als zu erbohren«, gewahrt blieb und nicht durch Erklärungen, die einen kausalen oder systematischen Zusammenhang herzustellen suchen, ruiniert werde. Daß diese neue Bohrmethode eine gewisse »Forcierung von Einsichten« zur Folge hat, »deren unfeine Pedanterie freilich der heute fast durchweg verbreiteten Allüre ihrer Verfälschung vorzuziehen ist«, war ihm dabei ebenso klar, wie daß sie »die Ursache gewisser Dunkelheiten« bilden mußte. Vor allem war ihm daran gelegen, alles zu vermeiden, was an Einfühlung erinnern könne, als hätte der jeweilige Gegenstand der Untersuchung eine Botschaft parat, die sich dem Leser oder Beschauer ohne weiteres mitteilt oder mitteilbar machen ließe: »*Kein Gedicht gilt dem Leser, kein Bild dem Beschauer, keine Symphonie der Hörerschaft.*«

Unter diesem Motto, sehr früh schon formuliert, steht alle Literaturkritik bei Benjamin. Und es geht ihm dabei um erheblich mehr als um den Affront eines wie immer gearteten Publikums, wie man ihn so überdeutlich in den willkürlichen Schockwirkungen des Dadaismus findet; es geht ihm vielmehr um die Überzeugung, daß gewisse Sachverhalte vor allem sprachlicher Natur »ihren guten, ja vielleicht besten Sinn behalten, wenn sie nicht von vornherein ausschließlich auf den Menschen bezogen werden. So dürfte von einem unvergeßlichen Leben oder Augenblick gesprochen werden, auch wenn alle Menschen sie vergessen hätten. Wenn nämlich deren Wesen es forderte, nicht vergessen zu werden, so würde jenes Prädikat nichts Falsches, sondern nur eine Forderung, der Menschen nicht entsprechen, und zugleich auch wohl den Verweis auf einen Bereich enthalten, in dem ihr entsprochen wäre: auf ein Gedenken Gottes.« Auf den theologischen Hintergrund hat Benjamin später verzichtet, nicht aber auf die Sache selbst und nicht auf die Methode, das Wesen im Zitat zu erbohren – wie man Wasser aus der unterirdischen, in der Tiefe verborgenen Quelle erbohrt. Das Bohren ist dasselbe wie das Beschwören, und das so Beschworene, das nun heraufsteigt, ist immer das, was die Shakespearesche »sea-change« vom lebendigen Auge zur Perle, vom lebendigen Gebein zur Koralle erlitten hat. Das Zitieren ist ein Nennen, und das Nennen, nicht eigentlich das Sprechen, das Wort und nicht der Satz bringen für Benjamin Wahrheit an den Tag. Wahrheit, wie man in der Vorrede zum *Ursprung des deutschen Trauerspiels* nachlesen kann, gilt ihm als ein ausschließlich akustisches Phänomen: »nicht Platon, sondern Adam«, der den Dingen ihre Namen gab, ist ihm der »Vater der Philosophie«. Tradition war daher die Form, in welcher diese nennenden Worte überliefert wurden – auch sie ein im wesentlichen akustisches Phänomen, eine »Überlieferung«, wie Heidegger sagt, in die es »gilt ... zurückzuhören«[21]. Er fühlte sich Kafka so verwandt, weil auch dieser »keinerlei Weitblick, auch keine ›Sehergabe‹« besaß, sondern der Tradition lauschte, »und wer angestrengt lauscht, der sieht nicht«.

Es hat seine guten Gründe, daß Benjamins frühe philosophische Interessen sich ausschließlich an Sprachphilosophie orientierten und daß ihm schließlich das zitierende Nennen zu der einzig möglichen, einzig angemessenen Art und Weise wurde, mit der Vergangenheit ohne die Hilfe der Überlieferung umzugehen. Jede Epoche, der ihre eigene Vergangenheit in einem solchen Maße fragwürdig geworden ist wie der unseren, muß schließlich auf das Phänomen der Sprache stoßen; denn in der Sprache sitzt das Vergangene unausrottbar, an ihr scheitern alle Versuche, es endgültig loszuwerden. Die griechische Polis wird solange am Grunde unserer politischen Existenz, auf dem Meeresgrunde also, weiter da sein, als wir das Wort »Politik« im Munde führen. Dies ist es, was die Semantiker, die mit gutem Grunde die Sprache

21 Siehe »Hegel und die Griechen« in *Die Gegenwart der Griechen im neueren Denken*, Festschrift für Hans-Georg Gadamer, Tübingen 1960, S. 53.

als das einzige Bollwerk attackieren, hinter dem sich die Vergangenheit verbirgt – ihre Konfusion, wie sie meinen –, nicht verstehen. Sie haben vollkommen recht: Alle Probleme sind letztlich sprachliche Probleme; sie wissen nur nicht, was sie damit sagen.

Aber Benjamin, der noch nicht Wittgenstein und erst recht nicht seine Vorgänger und Nachfolger kannte, wußte gerade in diesen Dingen sehr gut Bescheid, weil sich für ihn das Problem der Wahrheit von Anfang an als eine »Offenbarung« stellte, die »*vernommen* werden muß, d. h. in der metaphysisch akustischen Sphäre liegt«. Sprache also war für ihn keineswegs primär die den Menschen unter anderen Lebewesen auszeichnende Sprechbegabung, sondern im Gegenteil das »Weltwesen ..., aus dem das Sprechen hervorgeht«. Dies kommt der Heideggerschen Position: »Der Mensch kann nur sprechen, insofern er der Sagende ist«, sehr nahe, nur daß für Benjamin das Sagen zwar auch »erscheinen-« aber nicht »sehen-lassen« bedeuten würde[22]. Es gibt also »eine Sprache der Wahrheit, in welcher die letzten Geheimnisse, um die alles Denken sich müht, spannungslos und selbst schweigend aufbewahrt sind«, und dies ist »die wahre Sprache«, deren Existenz wir zumeist ahnungslos voraussetzen, sobald wir aus einer Sprache in eine andere übersetzen. Darum stellt er in die Mitte seines Aufsatzes von der »*Aufgabe des Übersetzers*« das erstaunliche Mallarmé-Zitat, in dem die gesprochenen Sprachen in ihrer irdisch bedingten Vielfalt und Verschiedenartigkeit als das Hindernis verstanden werden, die »immortelle parole« auch nur zu denken, geschweige denn sie als Wahrheit materiell dem Weltstoff einzufügen[23]. Was immer er später theoretisch an diesen theologisch-metaphysischen Überzeugungen revidiert haben mag, an dem für alle seine literarischen Arbeiten entscheidenden Ansatz, sprachliche Gebilde nicht auf ihren Nützlichkeits- und Mitteilungswert zu befragen, sondern sie in ihrer kristallisierten und daher prinzipiell fragmentarischen Form als intentionslose und kommunikationslose Äußerungen eines »Weltwesens« zu verstehen, hat er immer festgehalten. Was heißt dies anderes, als daß er Sprache überhaupt von der Dichtung her verstand? Und

22 Ebenda, S. 55.
23 Siehe Benjamin, *Schriften* I, 49.

dies gerade sagt denn auch der letzte, von ihm nicht mehr zitierte Satz, in dem der Mallarmé-Aphorismus gipfelt, in aller Deutlichkeit: »*Seulement*, sachons *n'existerait pas le vers:* lui, philosophiquement rémunère le défaut des langues, complément supérieur,« – der Vers entlohnt den Defekt der Sprachen, ist ihre höhere Ergänzung. Womit ich denn nur auf eine etwas ausführlichere Weise wiederholt habe, daß wir es bei Benjamin mit etwas zu tun haben, was nun in der Tat, wenn nicht einzigartig, so doch äußerst selten ist – mit der Gabe, *dichterisch zu denken*.

Dies Denken, genährt aus dem Heute, arbeitet mit den »Denkbruchstücken«, die es der Vergangenheit entreißen und um sich versammeln kann. Dem Perlentaucher gleich, der sich auf den Grund des Meeres begibt, nicht um den Meeresboden auszuschachten und ans Tageslicht zu fördern, sondern um in der Tiefe das Reiche und Seltsame, Perlen und Korallen, herauszubrechen und als Fragmente an die Oberfläche des Tages zu retten, taucht es in die Tiefen der Vergangenheit, aber nicht um sie so, wie sie war, zu beleben und zur Erneuerung abgelebter Zeiten beizutragen. Was dies Denken leitet, ist die Überzeugung, daß zwar das Lebendige dem Ruin der Zeit verfällt, daß aber der Verwesungsprozeß gleichzeitig ein Kristallisationsprozeß ist; daß in der »Meereshut« – dem selbst nicht-historischen Element, dem alles geschichtlich Gewordene verfallen soll – neue kristallisierte Formen und Gestalten entstehen, die, gegen die Elemente gefeit, überdauern und nur auf den Perlentaucher warten, der sie an den Tag bringt: als »Denkbruchstücke«, als Fragmente oder auch als die immerwährenden »Urphänomene«.

Bertolt Brecht

> You hope, yes,
>   your books will excuse you,
> save you from hell:
>   nevertheless,
> without looking sad,
>   without in any way
> seeming to blame
>   (He doesn't need to,
> knowing well
>   what a lover of art
> like yourself pays heed to),
>   God may reduce you
> on Judgement Day
>   to tears of shame,
> reciting by heart
>   the poems you would
> have written, had
>   your life been good.
>   W. H. Auden

I

Im Februar 1933, einen Tag nach dem Reichstagsbrand, flüchtete Brecht aus Deutschland und ließ sich Ende des Jahres für acht Jahre in Dänemark nieder. Im Jahre 1941, mitten im Krieg, aber noch vor dem deutschen Angriff auf Rußland, floh Brecht mit seiner Familie über Finnland, Moskau und Wladiwostok nach Amerika; in Hollywood, nahe dem »Markt, wo Lügen gekauft werden«, reihte er sich »hoffnungsvoll ... ein zwischen die Verkäufer«. Dies war nicht leicht; unbekannt außerhalb deutschsprachiger Länder mußte er gleichsam wieder von vorn anfangen –

> »Die alten Wege muß ich wieder gehn
> Die glatt geschliffenen durch den Tritt der Hoffnungslosen!
> Schon gehend, weiß ich jetzt noch nicht: zu wem?
> Wohin ich komme hör ich: Spell your name!
> Ach, dieser ›name‹ gehörte zu den großen!«

Diese Zeilen sind bemerkenswert, nicht wegen der darin geschilderten Situation, sondern weil sie die einzigen im Werke Brechts sind, aus denen eine Spur von dem in der Emigration so verbreiteten Mitleid mit sich selbst und dem persönlichen Schicksal spricht. Er blieb sieben Jahre, und im letzten kam es zu einer Aufführung des *Galilei*, den der Schauspieler Charles Laughton, der die Hauptrolle spielte, mit Brecht zusammen übersetzt hatte; aber das Stück wurde nach wenigen Aufführungen abgesetzt, und Brecht selbst, der kurz zuvor nach Washington vor den Ausschuß »on Un-American Activities« zitiert worden war, hatte das Land bereits verlassen. Er ging nach Zürich, wo er zwei Jahre vergeblich versuchte, die damals noch notwendige Genehmigung der militärischen Besatzungsbehörden für die Niederlassung in der Bundesrepublik zu erhalten. Als Ostberlin ihm die Leitung eines eigenen Theaters anbot, ging er – nachdem er sich einen tschechischen Paß (der bald gegen einen österreichischen eingetauscht werden sollte), ein Schweizer Bankkonto und einen westdeutschen Verleger besorgt hatte. Er war ein kluger und vorsichtiger Mann. Nie war es ihm in den Sinn gekommen, in Rußland um Asyl zu bitten, und die nun sich bietende Gelegenheit, die stalinistische Variante totaler Herrschaft aus nächster Nähe kennenzulernen, hat ihm offenbar einige Besorgnis eingeflößt. Er starb im August 1956, wenige Monate vor dem Ausbruch der ungarischen Revolution.

Seither hat sich sein Ruhm über die ganze zivilisierte Welt verbreitet, und es gibt wohl kaum noch ein Land, in dem er seinen Namen zu buchstabieren hätte. Von den zweit-, dritt- und viertklassigen Literaten, die ihm seiner politischen Gesinnung wegen auch die dichterischen und dramatischen Qualitäten aberkennen zu dürfen glaubten, ist nicht mehr viel zu hören. Das heißt aber nicht, daß man Brechts politische Biographie einfach auf sich beruhen lassen könnte; schließlich läßt sich das sehr fragwürdige Verhältnis von Dichtung und Politik nicht gut an der Masse »engagierter« Scribenten, sondern einzig an dem Fall eines wirklichen Dichters exemplifizieren. Es heißt nur, daß nun, da sein Ruhm gesichert ist, man es wagen kann, gewisse Fragen aufzuwerfen, ohne mißverstanden zu werden.

Dabei braucht uns allerdings die Tatsache, daß Brecht an der kommunistischen Ideologie mit einem oft das Groteske streifenden, doktrinären Eigensinn festhielt, kaum zu beunruhigen. Worauf es hier allein ankommt, hat er selbst in einem während des Krieges geschriebenen, aber erst posthum veröffentlichten Gedicht gesagt, das an die deutschen Dichter unter Hitler gerichtet ist:

> »Hütet euch, ihr
> Die ihr den Hitler besingt! Ich
> .... weiß
> Daß er bald sterben wird und sterbend
> Seinen Ruhm überlebt haben wird, aber
> Selbst wenn er die Erde unbewohnbar
> Machte, indem er sie
> Eroberte, könnte kein Lied
> Ihn besingend, bestehn. Freilich erstirbt
> Allzurasch der Schmerzensschrei auch ganzer
> Kontinente, als daß er das Loblied
> Des Peinigers ersticken könnte. Freilich
> Haben auch die Besinger der Untat
> Wohllautende Stimmen. Und doch
> Gilt der Gesang des sterbenden Schwanes am schönsten: er
> Singt ohne Furcht.«

Brecht hatte recht und unrecht. Gewiß hat kein Gedicht zum Preise Hitlers oder des Hitler-Krieges dessen Tod überlebt – das einzige Kriegslied, das bestehen wird, ist Brechts Ballade vom »*Kinderkreuzzug*« (1939) –, aber dies doch wohl auch vor allem darum, weil eben die »Besinger der Untat wohllautende Stimmen« nicht hatten. War dies wirklich nur ein Zufall des Talents? Andrerseits muß man doch wohl sagen, daß Brechts eigene Stimme in diesen Versen an seine Dichterkollegen wohllautend genug klingt. Warum hat er sie denn zu Lebzeiten nicht veröffentlicht? Er hat sonst von der Veröffentlichung nur sehr persönliche Verse oder offenbar mißlungene Gedichte zurückgehalten. Sollte ihm nicht vielleicht aufgefallen sein, wie leicht ein simpler Namenstausch die Anklage zur Selbstanklage machen konnte? Zwar fehlt in der Gesamtausgabe seiner Werke die Lobpreisung Stalins, aber er wußte doch, daß er sie geschrieben und veröffentlicht hatte. Und in diesen Versen ist von »wohllautender Stimme« keine Rede, woraus man schließen darf, daß er wußte, was er tat. Man braucht nicht einmal zu schließen. Er selbst schrieb zu gleicher Zeit:

»Heute nacht im Traum sah ich Finger, auf mich deutend
Wie auf einen Aussätzigen. Sie waren zerarbeitet und
Sie waren gebrochen.

Unwissende? schrie ich
Schuldbewußt.«

Über Dichter zu reden ist immer eine mißliche Sache. Dichter sind dazu da, zitiert zu werden, und was man über sie zu schreiben weiß, erübrigt sich meist. So jedenfalls stellt sich die Sache für diejenigen dar, die weder Kritiker noch Literaturhistoriker sind. Und da die Stimme der Dichter uns alle angeht, da wir in unserem privaten und öffentlichen Leben auf sie rechnen und ihnen vertrauen, werden die Leute vom Fach es sich schon gefallen lassen müssen, wenn unsereins mitredet; und die Dichter, ob sie nun über politische Gegenstände schreiben oder nicht, werden es sich auch gefallen lassen müssen, von Bürgern als Bürger beurteilt zu werden. Das liegt natürlich besonders nahe, wenn politische Stellungnahmen und Bindungen eine so entscheidend wichtige Rolle in Leben und Werk eines Autors gespielt haben, wie es bei Brecht der Fall ist.

Nun ist ja bekannt, daß die Dichter, von denen die Geschichte zu berichten weiß, nur sehr selten auch über die eigentlichen Bürgertugenden verfügten. Es hat schon sehr früh erheblichen Ärger mit ihnen gegeben, und Plato, in dessen Werken auf fast jeder Seite noch der große Dichter durch die Problematik des Philosophen spricht, war keineswegs der erste, sich gegen sie zu wenden. Unter unseren Zeitgenossen brauchen wir uns nur an den Fall Ezra Pound zu erinnern. Die Regierung der Vereinigten Staaten verzichtete darauf, ihn des Landesverrats, dessen er sich zweifellos während des Zweiten Weltkrieges schuldig gemacht hatte, anzuklagen, weil man immerhin Zweifel an seiner »geistigen Zurechnungsfähigkeit« haben konnte; woraufhin ein Ausschuß von Dichtern genau das tat, was die Regierung unterlassen hatte, nämlich den Fall öffentlich zu entscheiden. Das Ergebnis war der Preis von 1948 für die schönsten Gedichte des Jahres in englischer Sprache. Der Dichterausschuß stieß sich weder an der faschistischen Gesinnung noch an der Verrücktheit; sie ging der Dichter an; an dem Verhalten des Bürgers waren die Preisrichter nicht interessiert. Und da sie selbst Dichter waren, mögen sie wohl mit Goethe gedacht haben: »Dichter sündgen nicht schwer«; man soll ihre Sünden nicht zu ernst nehmen, man kann mit ihnen nicht rechten wie mit anderen Menschen. Goethes Zeile allerdings meint andere, nicht-politische Sünden, von denen auch Brecht gelegentlich spricht, wenn er z. B. seinen Frauen erklärt: »In mir habt ihr einen, auf den könnt ihr nicht bauen.« Daß er nur selten widerstehen konnte, die unwillkommensten Wahrheiten zu sagen, gehörte zu Brechts großen Tugenden; und er wußte natürlich genau, daß Frauen an ihren Männern nichts mehr schätzen als die Verläßlichkeit, die wiederum genau das ist, wovon Dichter am wenigsten zu bieten haben. Sie können sich diese Tugend der *gravitas* nicht leisten, weil es gerade die Schwerkraft ist, gegen die sie ihren Flug wagen. Sie können sich nicht binden, und man darf ihnen nicht so viel Verantwortung im Täglichen zumuten wie anderen Menschen. Brecht wußte auf seine Weise darüber sehr genau Bescheid. In einem Gespräch mit Benjamin sagte er:

»Ich denke oft an ein Tribunal, vor dem ich vernommen werden würde. ›Wie ist das? Ist es Ihnen eigentlich ernst?‹ Ich müßte dann anerkennen: ganz ernst ist es mir nicht. Ich denke ja auch zu viel an Artistisches, an das, was dem Theater zugute kommt, als daß es mir ganz ernst sein könnte. Aber wenn ich diese wichtige Frage verneint habe, so werde ich eine noch wichtigere Behauptung anschließen: daß mein Verhalten nämlich *erlaubt* ist.«

Und zur Erläuterung der Vorstellung von Dichtern, denen es ganz ernst ist, geht er von der Fiktion aus, Konfuzius habe eine Tragödie oder Lenin habe einen Roman geschrieben.

»Nehmen wir an, Sie lesen einen ausgezeichneten politischen Roman und erfahren nachher, daß er von Lenin ist, Sie würden Ihre Meinung über beide ändern, und zuungunsten beider. Konfuzius dürfte auch kein Stück von Euripides schreiben, man hätte das als unwürdig angesehen. Nicht aber sind das seine Gleichnisse.«

Nun gibt es aber Sünden und Sünden. Vergleicht man Brecht und Pound, den Kommunisten und den Faschisten, so ist es keine Frage, daß Pound sich erheblich schlechter benommen hat als Brecht. Wesentlich ist nicht, daß Mussolinis Redekünste ihn überzeugten, sondern daß er in den Radioansprachen während des Krieges diese, vor allem was Hitlers Judenpolitik anlangte, weit übertrumpfte. Unter den namhaften Schriftstellern hat es außer Céline wohl kaum einen gegeben, der es ihm in der bösartigsten Judenhetze gleichtat. Dabei spielt es keine Rolle, daß er Juden nie hat leiden mögen. Er teilt diese Abneigung mit T. S. Eliot, sie ist seine Privatangelegenheit und politisch ohne Bedeutung. Aber im Unterschied zu Eliot, der sich wohlweislich nach Hitlers Machtübernahme nicht mehr zu dieser Frage äußerte, hielt Pound es für geraten, in den Jahren der Judenmassaker sich zu einem der prominentesten Wortführer des Antisemitismus zu machen; und das ist, weiß Gott, eine andere Sache. Nur ist es aber auch eine Tatsache, daß Pound, ein großer Dichter, vermutlich zeitweilig geisteskrank war und wohl auch nicht sehr weltklug ist. Er konnte sich daher Dinge erlauben, die der sehr gesunde und sehr kluge Brecht sich, wie wir sehen werden, nicht so ohne weiteres leisten konnte.

Wie immer wir über den Mangel an *gravitas* – Schwerkraft, Verläßlichkeit und Verantwortlichkeit – bei den Dichtern denken mögen, es ist ja selbstverständlich, daß ihnen nicht alles erlaubt ist. Wo aber da die Grenze zu ziehen ist, darüber vermögen wir, ihre Mitbürger, wohl kaum zu entscheiden. Villon endete beinahe am Galgen, vermutlich nicht zu Unrecht, aber seine Lieder erfreuen noch unser Herz, und sein Name steht in hohen Ehren bei allen, die sich in diesen Dingen auskennen. Nichts ist lächerlicher als der Versuch, den Dichtern Moral zu predigen oder ihnen Vorschriften zu machen, wiewohl dies seit Plato immer wieder versucht worden ist. Zum Glück für uns und für die Dichter ist dies auch ganz überflüssig, da wir es ruhig wagen können, in diesem Fall unsere alltäglichen Urteilsmaßstäbe in moralischen Fragen, die ja ohnehin alles andere als gesichert sind, zu suspendieren.

Der einzige Maßstab, nach dem auch das persönliche Verhalten des Dichters zu beurteilen ist, ist seine Dichtung. Das Schlimmste, was einem Dichter geschehen kann, ist, daß er aufhört, ein Dichter zu sein; und gerade dies ist Brecht in dem letzten Jahrzehnt seines Lebens geschehen. Er selbst hat wohl gemeint, das Stalin- Lob in Vers und Prosa sei belanglos. War es nicht der Furcht geschuldet, und war er nicht immer schon der Meinung gewesen, daß nahezu alles erlaubt ist, wo sich der »blutige Finger der Gewalt« zeigt? In den *Geschichten vom Herrn Keuner* steht, welche Maßnahmen man ergreifen soll gegen die Gewalt, nur daß Herr Keuner im Jahre 1930 noch etwas wählerischer in der Wahl seiner Mittel war als Brecht zwanzig Jahre später. Dort lesen wir, wie in der Zeit der Illegalität ein Agent in die Wohnung eines Mannes kam, »der gelernt hatte, nein zu sagen«. Der Agent machte es sich in des Mannes Wohnung bequem und fragte ihn flüchtig vorm Einschlafen im fremden Bett: »Wirst du mir dienen?« Der Mann »deckte ihn mit einer Decke zu, vertrieb die Fliegen, bewachte seinen Schlaf und,... gehorchte... ihm sieben Jahre lang. Aber was immer er für ihn tat, eines zu tun hütete er sich wohl: das war, ein Wort zu sagen.« Nach sieben Jahren starb der Agent; der Mann wickelte ihn »in die verdorbene Decke, schleifte ihn aus dem Haus, wusch das Lager, tünchte die Wände, atmete auf und antwortete: ›Nein.‹« Hatte Brecht Herrn Keuners Weisheit vergessen – – zu tun, wozu man gezwungen ist, aber nicht »Ja« zu sagen?

Wie dem auch sei, was uns hier angeht, ist die traurige Tatsache, daß mit den wenigen, posthum veröffentlichten Gedichten aus den letzten Jahren, einschließlich der Miniaturen aus den *Buckower Elegien*, nicht viel Staat zu machen ist; daß selbst unter den wenigen Ausnahmen sich kaum ein wirklich ganz gelungenes, geschweige denn ein großes Gedicht befindet und daß es nicht mehr als Ansätze zu einer Brechtschen Alterslyrik gibt. Zu den Ausnahmen gehören die viel zitierten, geistreichen Zeilen nach dem Berliner Arbeiteraufstand von 1953, in denen er sarkastisch vorschlägt, die Regierung, da sie zugegebenermaßen kein Vertrauen mehr in das Volk habe, möge doch das Volk auflösen und ein anderes wählen. Dazu gehören aber auch einige Zeilen aus Liebesgedichten und Kinderreimen, vor allem ein paar unerwartete Loblieder der Zwecklosigkeit, der Absage an alle Zielstrebigkeit, von denen eines wie eine Variation auf Angelus Silesius' »*Ohne Warum*« klingt: »Die Ros ist ohn Warum, sie blühet weil sie blühet, / Sie acht nicht ihrer selbst, fragt nicht ob man sie siehet.« So schreibt Brecht:

»Ach, wie sollen wir die kleine Rose buchen?
Plötzlich dunkelrot und jung und nah?
Ach, wir kamen nicht, sie zu besuchen
Aber als wir kamen, war sie da.

Eh sie da war, ward sie nicht erwartet.
Als sie da war, ward sie kaum geglaubt.
Ach, zum Ziele kam, was nie gestartet.
Aber war es so nicht überhaupt?«

Diese Zeilen verraten einen bemerkenswerten Stimmungsumschwung; um ähnliches bei Brecht zu finden, muß man schon auf die *Hauspostille* zurückgreifen, auf die jubelnde Unbekümmertheit seiner Abenteurer und Seeräuber um alles, was ein bürgerliches Leben »sinnvoll« macht, nur daß an die Stelle des frohlockenden Aufbegehrens eine eigentümliche Stille von Staunen und Dankbarkeit getreten ist. Aber auch unter diesen Gedichten findet sich nur ein wirklich vollkommenes, zwei vierzeilige Liebesstrophen im Tone des deutschen Kinderliedes:

»Sieben Rosen hat der Strauch
Sechs gehör'n dem Wind
Aber eine bleibt, daß auch
Ich noch eine find.

Sieben Male ruf ich dich
Sechsmal bleibe fort
Doch beim siebten Mal, versprich
Komme auf ein Wort.«

Das ist wenig, doch gerade genug, um zu zeigen, daß der alternde Dichter eine neue Stimme gefunden hatte – vielleicht die des »sterbenden Schwans, dessen Gesang als der schönste gilt«. Aber als der Augenblick kam, diese Stimme ertönen zu lassen, scheint sie ihre Kraft verloren zu haben. Und dies ist der einzige handgreifliche, unbezweifelbare Beweis dafür, daß Brecht die weiten, auch dem Dichter gesetzten Grenzen des Erlaubten überschritten, bzw. die gerade ihm gesetzte Grenze verletzt hatte. Innerhalb der Dichtung läßt sich die Grenzüberschreitung nachweisen, aber von außen läßt sich nicht sagen, worin sie nun eigentlich besteht. Denn diese Grenzen sind durch keine Verhaltungsregeln markiert oder markierbar; sie sind wie flüchtige, dem Auge kaum sichtbare Linien, die erst, wenn sie überschritten sind und man sie hinter sich gelassen hat, unvermutet zu Mauern emporwachsen. Nun kann man plötzlich nicht mehr zurück, man steht mit dem Rücken gegen die Wand und mag selbst jetzt noch nicht wissen, wie es alles gekommen ist – als habe man die Grenze gar nicht wirklich überschritten, sondern sei nur gleichsam irgendwie über sie gestolpert. Das einzige, was nicht zu bestreiten ist, ist das Aussetzen der Begabung, nicht jeglicher Begabung, aber eben der höchsten. Man kann die Dichter nicht bestrafen (wenn man sie ins Gefängnis setzt, hören sie darum noch lange nicht auf zu dichten), weil die einzige Strafe, die sie erleiden können, sofern man sie nur überhaupt am Leben läßt, der plötzliche Verlust dessen ist, was seit eh und je als eine Gabe der Götter gegolten hat. Brecht traf dieser Verlust sehr spät, nachdem er sich bereits einiges hatte zuschulden kommen lassen, was wir nicht so leicht zu vergeben bereit sind. Aber gerade dies ist geeignet, uns eine kleine Lektion darin zu erteilen, wie weit die Grenzen sind und wie viel denen erlaubt ist, die unter dem Gesetz Apollos stehen.

Dabei kann Brechts Bekehrung zum Kommunismus in den zwanziger Jahren ganz außer Betracht bleiben. Selbst in den frühen dreißiger Jahren war dies nicht mehr als ein Irrtum, jedenfalls für alle diejenigen, die wenig von der eigentlichen Parteiarbeit wußten und kaum ahnen konnten, in welchem Ausmaß Stalin bereits den Parteiapparat in ein Instrument totaler Herrschaft verwandelt hatte. Aber an dem Dichter hat sich auch nicht gerächt, daß er während der Moskauer Prozesse, in denen Freunde von ihm auf die Anklagebank gerieten, nach außen jedenfalls streng linientreu blieb – (privat sagte er im Jahre 1938 zu Benjamin: »Eigentlich habe ich dort, in Moskau, keine Freunde. Und die Moskauer selber haben auch keine – wie die Toten«) – oder so tat, als wüßte er nichts von der Rolle der Russen im spanischen Bürgerkrieg, den Stalin dazu benutzte, die Antistalinisten innerhalb und außerhalb der Partei umzubringen. Auch zur Zeit des Hitler-Stalin-Paktes hat er sich nicht geäußert und seine Beziehungen zur Partei nicht abgebrochen, ohne daß dies irgendwelche Folgen für die Qualität seiner Produktion gehabt hätte. Im Gegenteil, die Emigrationsjahre in Dänemark und in Amerika waren außerordentlich produktiv, vergleichbar nur den frühen zwanziger Jahren, als er jung war und noch frei von aller Ideologie oder politischen Disziplin. Gerächt hat sich an ihm als Dichter nur eins: die Niederlassung in Ostberlin, wo er gezwungen war, tagtäglich mitanzusehen, was es nun wirklich heißt, wenn ein Volk unter eine kommunistische Diktatur stalinistischer Prägung gerät. Die Vorsichtsmaßregeln, die er ergriff und die ihm doch nichts halfen, zeigen deutlich, wie sehr er sich der Gefahr bewußt war; schließlich war er immer auf das Publikum »kapitalistischer«, d. h. freier Länder angewiesen gewesen, und das Wohlwollen der russischen Partei ist ihm wohl zu seinem Glück nie zuteil geworden. Entscheidend war, daß er nun, in Ostdeutschland angekommen, die poetische Distanz verlor, die er sich auch in den Jahren, in denen er noch ohne alle Zweifel der kommunistischen Sache ergeben war, hatte leisten können.

Er hat sich wohl gehütet, je der Partei beizutreten. Das Element des Spielerischen – daß er mit einigen der sehr wirklichen Greuel des bolschewistischen Parteiapparates dichterisch spielte – hätte nie dem Ansturm der russischen Wirklichkeit standgehalten, so wie es eben auch dem sehr viel weniger furchtbaren Ansturm der Wirklichkeit in Ulbrichts Ostdeutschland nicht standhielt. Schließlich ist es ein Unterschied, ob man sich angewöhnt hat, seinen Freunden und Bekannten im Meinungsstreit zu sagen: »Dich werden wir auch an die Wand stellen, wenn wir erst die Macht ergriffen haben«, oder ob man in unmittelbarer

Nähe von Machthabern lebt, die Meinungsstreite mit Mord und Dingen, die schlimmer sind als Mord, beilegen. Brecht selbst ist nie belästigt worden; für seine persönliche Sicherheit hätte es wohl nicht einmal des österreichischen Passes bedurft. Ostberlin war in den fünfziger Jahren, als die Stadt noch in einer verzweifelten Konkurrenz mit dem Westen stand, das Aushängeschild für ganz Ostdeutschland; und Brechts Berliner Ensemble, vielleicht die hervorragendste kulturelle Leistung im Deutschland der Nachkriegszeit, war ein sehr wichtiger Aktivposten.

So hat Brecht bis zu seinem Tode friedlich unter den besten Bedingungen in Ostberlin leben und arbeiten können; der einzige Preis, den er zu zahlen hatte, war, Dinge mitansehen zu müssen, die er bis dahin sich immer nur hatte vorzustellen brauchen, um sie dann so oder anders auszulegen. Das Ergebnis war, daß kein einziges neues Stück, kein einziges großes Gedicht mehr entstand. Selbst der *Salzburger Totentanz*, den er noch in Zürich begonnen hatte und der nach Fragmenten zu urteilen eines der großen Dramen hätte werden können, blieb unvollendet. Er wußte natürlich um all dies, und kurz vor seinem Tode, so wird berichtet, kaufte er noch ein Haus in Dänemark und erwog, in die Schweiz zu ziehen. Keinen hat es mehr danach verlangt, heimzukehren – »Dem Manne gleich ich, der den Backstein trug / der Welt zu zeigen, wie sein Haus aussah«, so hatte er seine Rückkehr angekündigt. Nie hatte er sich in der Emigration häuslich eingerichtet:

> »Schlage keinen Nagel in die Wand
> Wirf den Rock auf den Stuhl.
> ...
> Wozu in einer fremden Grammatik blättern?
> Die Nachricht, die dich heimruft
> Ist in bekannter Sprache geschrieben.«

Und nun, da er im Sterben lag und es auch halb wußte, dachte er an nichts anderes als an eine andere Emigration.

So ungefähr stehen die Dinge, aus denen hervorgeht, daß es neben dem großen Dichter und Dramatiker auch noch den Fall des Bert Brecht gibt. Und dieser Fall geht alle an, die sich eine

Welt ohne die Dichter nicht vorstellen mögen. Man kann ihn nicht den Leuten vom Fach überlassen, er ist zu ernst dafür. In der folgenden Erörterung dieses Falles werde ich mich an die beiden schon erwähnten Voraussetzungen halten. Erstens meine ich, daß Goethe recht hatte und daß Dichter nicht so schwer sündigen wie andere Sterbliche, daß es aber auch für sie eine Grenze gibt, die sie ungestraft nicht überschreiten können. Und zweitens glaube ich, daß diese Grenzüberschreitung sich unzweideutig nur in ihrem Werk selbst nachweisen läßt, was wiederum voraussetzt, daß die Gabe, einen guten Vers zu schreiben, nicht ganz ins Belieben des Schreibenden gestellt ist, daß er des Beistandes bedarf, daß die Gabe ihm gewährt wurde und daß er sie verscherzen kann.

II

Einige wenige biographische Tatsachen können nicht unberücksichtigt bleiben, obwohl wir uns um Brechts persönliches Leben nicht zu kümmern brauchen, schon weil er mit Mitteilungen dieser Art so zurückhaltend gewesen ist wie kaum irgendein anderer Autor unseres Jahrhunderts. Aber gerade weil es so wenige solcher Andeutungen in dem Werk gibt, müssen wir ihnen kurz nachgehen. Brecht, 1898 geboren, gehörte zu dem, was Hemingway die »verlorene Generation« genannt hat. In den Schützengräben und Materialschlachten des Ersten Weltkrieges waren sie aus Knaben zu Männern geworden, im Krieg hatte die Welt sich ihnen zuerst gezeigt; und als dann der Friede gekommen war, verlangte die Welt von ihnen, das Grauen und die Kameradschaft inmitten des Grauens zu vergessen, in die Normalität zurückzukehren, sich wieder auf die Schulbank zu setzen, ihre Karrieren zu verfolgen, kurz, sich zu betragen, als wäre nie etwas gewesen. Die Besten weigerten sich, das zu verraten, was unbestreitbar ihr Leben gewesen war, und beschlossen sich zu verlieren, wie es am eindrucksvollsten Lawrence von Arabien getan hat. Ihrer gab es viele in allen Ländern Europas, und sie gewannen an Bedeutung für das Gesamtklima der Nachkriegszeit, als sich herausstellte, daß ihnen weitere »verlorene Generationen« auf dem Fuße folgten: Erst diejenigen, die, etwa zehn Jahre später geboren, durch Revolution, Inflation und Arbeitslosigkeit in die Welt eingeführt und so über die Brüchigkeit alles dessen belehrt wurden, was nach mehr als vier Jahren des Mordens in Europa noch intakt geblieben war; und dann, wiederum zehn Jahre später, die dritte »verlorene Generation«, die sich gleichsam aussuchen konnte, ob sie ihre erste Welterfahrung in den Konzentrationslagern des Dritten Reichs oder im spanischen Bürgerkrieg oder an den Moskauer Prozessen machen wollte. Diese drei Gruppen standen sich altersmäßig noch nah genug, um im Zweiten Weltkrieg in eine einzige zusammenzuschmelzen – als Soldaten oder als Flüchtlinge, als Mitglieder von Widerstandsbewegungen oder als Insassen von Internierungs- und Vernichtungslagern, als Zivilisten unterm Bombenhagel und Überlebende von Städten, von denen Brecht schon Jahrzehnte zuvor gemeint hatte:

»Wir sind gesessen, ein leichtes Geschlechte
In Häusern, die für unzerstörbare galten
(So haben wir gebaut die langen Gehäuse des Eilands Manhattan
Und die dünnen Antennen, die das Atlantische Meer unterhalten).

Von diesen Städten wird bleiben: der durch sie hindurchging,
der Wind!
Fröhlich machet das Haus den Esser: er leert es.
Wir wissen, daß wir Vorläufige sind
Und nach uns wird kommen: nichts Nennenswertes.«

Das Gedicht »*Vom armen B. B.*« aus der *Hauspostille* ist das einzige, das diesem Thema der verlorenen Generation entspricht. Der Titel ist sarkastisch gegen die Versuchung gerichtet, sich selbst zu bemitleiden; empfohlen wird in den Schlußzeilen eine stoisch-ironische Gelassenheit:

»Bei den Erdbeben, die kommen werden, werde ich hoffentlich
Meine Virginia nicht ausgehen lassen durch Bitterkeit.«

Charakteristisch für die Haltung ist, daß der Spieß umgekehrt wird. Die Menschen haben ihr Gewicht verloren; schwerelos, dem Winde gleich, treiben sie durch eine verlorene Welt, die sie nicht mehr behaust. Es geht nicht um die Menschen, es geht um die Welt. Darin liegt eine gewisse Kritik an den Zeitgenossen, vor allem den zeitgenössischen Schriftstellern, zu denen Brecht nie ganz gehört hat. Wer sich als Glied einer »verlorenen Generation« fühlte, glaubte noch an die Unzerstörbarkeit der Welt und beklagte nur das eigene Schicksal, sah sich also noch mit den Augen des 19. Jahrhunderts, erbittert, daß gerade ihm Hebbels »ruhige reine Entwicklung« versagt sein sollte. Um den Abstand zu ermessen, braucht man sich nur in der Literatur der Zeit umzusehen, die voll ist von dieser psychologischen und gesellschaftlichen Pseudoproblematik, in der Individuen ihre Interessantheit zu Markte tragen. Sie waren viel zu sehr mit sich selbst beschäftigt, um auch nur zu ahnen, worum es in Wirklichkeit ging. In sich selbst und in die eigene Jugend und Kindheit verliebt, erinnerten sie sich an alles und vergaßen das Wesentliche. Brecht hat in einem anderen frühen Gedicht in der *Hauspostille* deutlich und sehr schön gesagt, wie man es mit diesen Jugenderinnerungen halten soll –

»Hat er seine ganze Jugend, nur nicht ihre Träume vergessen
Lange das Dach, nie den Himmel, der drüber war.«

Diese große Tugend, sich selbst nicht zu bemitleiden und sich nie zu beklagen, wurzelte ihrerseits in etwas anderem, was nicht Tugend, sondern natürliche Mitgift war, und wie alle solche Gaben halb Segen und halb Fluch. Er spricht davon in seinem einzigen wirklich rein persönlichen Gedicht, das aus der Zeit der *Hauspostille* stammt, aber charakteristischerweise erst posthum veröffentlicht wurde. Es ist eins seiner schönsten Gedichte, und daß er es von der Veröffentlichung zurückhielt, zeigt wohl, wie wenig Lust er hatte, der Welt zu erzählen, wie es eigentlich um ihn bestellt war. Der Titel lautet »*Der Herr der Fische*«, und das Gedicht berichtet, wie einer aus dem Land des Schweigens in die Welt der Menschen steigt, unberührt von ihren Angelegenheiten, aber an allem teilnehmend, »allen unbekannt und allen nah.«

»Sitzt und spricht wie sie: von ihren Dingen
Was die Weiber tun, wenn man auf Fahrt

Was die Netze kosten und die Fische bringen
Und vor allem: wie man Steuern spart.

Ihre Namen sich zu merken
Zeigte er sich nicht imstand
Doch zu ihren Tagewerken
Wußte er stets allerhand.

Sprach er so von ihren Angelegenheiten
Fragten sie ihn auch: wie stehn denn deine?
Und er blickte lächelnd um nach allen Seiten
Sagte zögernd: habe keine.

So, auf Hin- und Widerreden
Hat mit ihnen er verkehrt
Immer kam er ungebeten
Doch sein Essen war er wert.

Eines Tages wird ihn einer fragen:
Sag, was ist es, was dich zu uns führt?
Eilig wird er aufstehn; denn er spürt:
Jetzt ist ihre Stimmung umgeschlagen.

Höflich wird, der nichts zu bieten hatte
Aus der Tür gehn: ein entlaßner Knecht.
Und es bleibt von ihm kein kleinster Schatte
Keine Höhlung in des Stuhls Geflecht.

Sondern er gestattet, daß auf seinem
Platz ein anderer sich reicher zeigt.
Wirklich, er verwehrt es keinem
Dort zu reden, wo er schweigt.«

Brechts Selbstporträt (sein »Portrait of the Artist as a Young Man«) zeigt eine außerordentliche Distanziertheit mit der dazu gehörigen Mischung von Stolz und Demut – »Höflich wird, der nichts zu bieten hatte / Aus der Tür gehn: ein entlaßner Knecht« –, eine, wenn man so will, Menschen- und Weltferne, als käme er von einem anderen Planeten; die Reserviertheit, die sich nur im »Hin- und Widerreden« löst; die Unbrauchbarkeit im täglichen Leben; eine Verschwiegenheit, hinter der noch nicht einmal zu ahnen ist, was Leute neugierig machen könnte; und zu all dem gesellt sich diese nahezu verzweifelte Neugier dessen, der keine eigenen »Angelegenheiten« hat und daher dankbar sein muß für jedes Stück Wirklichkeit, das ihm zugespielt wird. So können wir uns wenigstens andeutungsweise vorstellen, wie schwer es für den jungen Brecht gewesen sein muß, sich in der Welt seiner Mitmenschen auch nur einigermaßen einzurichten und zu orientieren. Es gibt dann noch ein sehr viel späteres und bekannteres Selbstzeugnis:

> »Ich bin aufgewachsen als Sohn
> Wohlhabender Leute. Meine Eltern haben mir
> Einen Kragen umgebunden und mich erzogen
> In den Gewohnheiten des Bedientwerdens
> Und unterrichtet in der Kunst des Befehlens. Aber
> Als ich erwachsen war und um mich sah
> Gefielen mir die Leute meiner Klasse nicht
> Nicht das Befehlen und nicht das Bedientwerden
> Und ich verließ meine Klasse und gesellte mich
> Zu den geringen Leuten.«

Das ist wahrscheinlich durchaus zutreffend, obwohl es schon ein bißchen nach Programm klingt; auf jeden Fall ist es kein Selbstporträt, sondern eine etwas stilisiert gezwungene Weise, über sich zu sprechen. Der »*Herr der Fische*« ist aufschlußreicher, und es spricht gewiß für Brecht, daß wir nur aus diesen wenigen Versen erraten können, wer er in diesem persönlichen Sinne eigentlich war. Sicher hätte man mehr in seinem Sinne gehandelt, wenn man diese Frage gar nicht erst angeschnitten hätte; und das ist nur deshalb nicht möglich, weil diese frühen Zeilen doch einen Schlüssel für so manches Befremdliche in seinem späteren Verhalten liefern.

Da ist einmal und von Anfang an Brechts seltsamer Hang zur Anonymität, und damit eng verbunden seine prononcierte Aversion gegen alle Tuerei und Angeberei, mag sie sich nun in Elfenbeinturm-Manieren oder in der Pathetik der Volkspropheten oder in dem Anspruch, als Dichter ein Organ der Geschichte zu sein, oder in was sonst noch »der Ausverkauf der Werte« zu Zeiten der Weimarer Republik seinen Kunden zu offerieren hatte, äußern. Aber dahinter steckt doch mehr als die selbstverständliche Abneigung eines äußerst klugen und wirklich gebildeten

Menschen gegen die schlechten Manieren seiner Umwelt. Brecht wollte wirklich nichts leidenschaftlicher als ein gewöhnlicher, »normaler« Mensch sein oder doch zumindest als solcher gelten; er wollte nicht durch besondere Talente ausgezeichnet durch die Welt laufen, er wollte keine Ausnahme bilden, er wollte sein wie jeder andere. Und aus seinem Werk geht klar hervor, daß diese beiden eng zusammenhängenden Neigungen zur Anonymität und zur Normalität in ihm voll ausgeprägt waren, bevor er aus ihnen eine Pose machte. Sie prädestinierten ihn förmlich für die beiden, nur scheinbar einander widersprechenden Haltungen, die in seinem Werk eine große Rolle spielen: einmal die gefährliche Vorliebe für alle illegale Arbeit, die verlangt, die Spuren zu verwischen, das Gesicht zu verbergen, den eigenen Namen abzulegen, die Identität mit sich selbst auszulöschen (»Reden, aber / Zu verbergen den Redner. / Siegen, aber / Zu verbergen den Sieger. / Sterben, aber / Zu verstecken den Tod.«); und zum anderen der seltsame Eigensinn, mit dem er »Mitarbeiter« um sich versammelte, als wollte er immer wieder beweisen, daß jeder machen könne, was er machte. Lange bevor er an irgendein »Lob der illegalen Arbeit« dachte, hatte er in einem Gedicht anläßlich des Todes seines Bruders geschrieben: »Er lag bis Mittag trunken murmelnd da. / Und starb dann heimlich und verfiel in Eile / Wohl da er meinte, daß ihn keiner sah!« Und in einem anderen, ebenfalls sehr frühen und erst posthum veröffentlichten Gedicht, einer »*Epistel über den Selbstmord*«, erörtert er die Gründe, die man für die Tat angeben könnte und die nicht die wahren Gründe sein dürfen: »Jedenfalls / Sollte es nicht aussehen / Als habe man / Zuviel von sich gehalten.«

Vor allem also keine Wichtigtuerei! Und sie liegt so nahe bei Leuten, denen zwar Ruhm und Schmeichelei den Kopf nicht verdrehen können, die aber der ungleich schwereren Versuchung widerstehen müssen, die unleugbare Tatsache der eigenen Begabung zu überschätzen. Und wenn Brecht diese Selbstkontrolle ins Absurde trieb – eine absurde Überschätzung der Bedeutung des illegalen Apparats der Partei, absurde Forderungen an Mitarbeiter, zu lernen was nicht erlernbar ist –, so sollte man doch bedenken, daß das literarische Milieu der zwanziger Jahre in

Deutschland schon geeignet war, auch Leute ohne Brechts spezielle Veranlagung unwiderstehlich dazu zu reizen, dem allgemein verbreiteten Spiel des »großen Mannes« etwas Kräftiges entgegenzusetzen. Die lustigen Zeilen aus der *Dreigroschenoper* an die Dichterkollegen trafen den Nagel auf den Kopf:

> »Ich selber könnte mich durchaus begreifen,
> Wenn ich mich lieber groß und einsam sähe
> Doch sah ich solche Leute aus der Nähe
> Da sagt ich mir: Das mußt du dir verkneifen.«

Schließlich müssen wir noch ein Gedicht erwähnen, in dem Brecht von sich selbst spricht und das wahrscheinlich das berühmteste ist. »*An die Nachgeborenen*« ist eins der *Svendborger Gedichte*, die in den dreißiger Jahren in Dänemark entstanden. Wie in dem frühen »*Vom armen B.B.*« liegt der Nachdruck auf den Katastrophen in der Welt, denen man am besten mit stoischer Gelassenheit entgegentritt. Aber nun, da die »Erdbeben, die kommen werden«, gekommen sind, fallen selbst die wenigen biographischen Angaben des früheren Gedichts (das »Ich, Bertolt Brecht« aus dem Schwarzwald »in die Asphaltstädte verschlagen«) weg. Das »Ich« des späteren Gedichts ist gültig für alle, die in »finsteren Zeiten« leben:

> »In die Städte kam ich zur Zeit der Unordnung
> Als da Hunger herrschte.
> Unter die Menschen kam ich zu der Zeit des Aufruhrs
> Und ich empörte mich mit ihnen.
> So verging meine Zeit
> Die auf Erden mir gegeben war.
>
> Mein Essen aß ich zwischen den Schlachten
> Schlafen legte ich mich unter die Mörder
> Der Liebe pflegte ich achtlos
> Und die Natur sah ich ohne Geduld.
> So verging meine Zeit
> Die auf Erden mir gegeben war.
>
> Die Straßen führten in den Sumpf zu meiner Zeit.
> Die Sprache verriet mich dem Schlächter.

Ich vermochte nur wenig. Aber die Herrschenden
Saßen ohne mich sicherer, das hoffte ich.
So verging meine Zeit
Die auf Erden mir gegeben war.«

Das Ich steht für ein Wir, und das Wir spricht zu einem Ihr:

»Ihr, die ihr auftauchen werdet aus der Flut
In der wir untergegangen sind
Gedenkt
Wenn ihr von unseren Schwächen sprecht
Auch der finsteren Zeit
Der ihr entronnen seid.
. . .
Gedenkt unsrer
Mit Nachsicht.«

In solcher Nachsicht uns zu üben haben wir, die wir noch längst nicht der finsteren Zeit entronnen sind, nun wahrlich alle Veranlassung. Vor allem im Falle dieses Mannes, der sich immer mehr um das gekümmert hat, was der Welt geschah, als um seine eigenen Angelegenheiten oder gar um seinen eigenen Ruhm. Nie ist ihm der immerhin beträchtliche Erfolg in der Jugend zu Kopfe gestiegen, immer hat er gewußt: »Wenn mein Glück aussetzt, bin ich verloren.« Sein Stolz verlangte, sich gerade nicht für einen »großen Mann« oder eine Ausnahme zu halten und lieber Fortuna als sich selbst zu preisen. Dazu gehört ein außerordentliches, niemals erschüttertes Selbstbewußtsein, das offenbar nur einmal ins Wanken geraten ist, als er zu Beginn der vierziger Jahre »*Die Verlustliste*« aufstellte – Margarete Steffin, »kleine Lehrerin aus der Arbeiterschaft«, die er geliebt hatte und die ihm nach Dänemark gefolgt war, Walter Benjamin, »der Widersprecher, Vieles wissende, Neues suchende«, und Karl Korsch, »Meister im Disput«, um nur die zu nennen, die er selbst nannte. Da schrieb er:

»Ich weiß natürlich: einzig durch Glück
Habe ich so viele Freunde überlebt. Aber heute nacht im Traum
Hörte ich diese Freunde von mir sagen: ›Die Stärkeren überleben‹.
Und ich haßte mich.«

So mögen die Freunde vielleicht gesprochen haben, und ihnen nachreden, sich auf solches Vergleichen einlassen, ob es nun zum Vorteil oder Nachteil gereicht, ist immer das Ende des Selbstvertrauens. Aber hier geschah es doch wohl nur im Traum.

Dies soll natürlich nicht heißen, daß, im Sinne der »verlorenen Generation« gesprochen, nicht auch Brecht zu den Verlorenen gehörte oder zu ihnen sich zählte. Nur daß es sich in seinem Fall nicht um den Verlust der »ruhigen reinen Entwicklung« handelte oder um die Verluste, welche die Weltereignisse ihm zugefügt hatten, sondern darum, daß er sich der ungeheuren Aufgabe, in solcher Weltzeit ein Dichter zu sein, nicht gewachsen fühlte. Wenn er Ausschau hält nach einem Maßstab, an dem man das Gewollte und das Geleistete messen könnte, so blickt er nicht in die Vergangenheit (wie es keiner schöner getan hat als Rilke in seinen späten Gedichten), sondern er wendet sich an jene, die aus der Flut auftauchen werden; und dieser Appell an die »Nachgeborenen«, wiewohl er an die Zukunft gerichtet ist, hat mit Fortschritt nichts zu tun. (Er hat die frühen Zeilen »Wir wissen, daß wir Vorläufige sind / Und nach uns wird kommen: nichts Nennenswertes« nie getilgt, ihnen im Grunde nie widersprochen.) Er hatte begriffen – und dies macht ihn unter den Schriftstellern nahezu einzigartig –, wie tödlich lächerlich es war, die Flut der Ereignisse an individuellen Ambitionen und Lebenserwartungen zu messen: etwa die katastrophale Arbeits- und Erwerbslosigkeit an den Aussichten oder dem Scheitern einer Karriere, die man wiederum mit Betrachtungen über die eigene Tüchtigkeit oder Untüchtigkeit begleitete; oder die Kriegskatastrophe an dem Ideal der Persönlichkeit; oder die Emigration an dem verlorenen Ruhm, der verlorenen Sekurität, dem Verlust der Kontinuität des Lebens und des Besitzes. Nichts von all diesen Sentimentalitäten ist zu spüren in Brechts großartiger und großartig präziser Definition des Flüchtlings: »Ein Bote des Unglücks.« Es war wahrlich nicht nur ihr eigenes Unglück, das die Flüchtlinge von Land zu Land trugen, von Kontinent zu Kontinent, »öfter als die Schuhe die Länder wechselnd«, sondern das große Unheil, das die ganze Welt betroffen hatte. Wenn die meisten von ihnen die Botschaft vergaßen, noch ehe sie erfuhren, wie man mit Boten schlimmer

Nachrichten umzugehen pflegt, darf man nicht vergessen, daß es mit der Zuverlässigkeit der Übermittler böser Nachrichten niemals sehr weit her war. Flüchtlinge und Emigranten kurzerhand »Boten des Unglücks« zu nennen, ist so einfach wie genial, und dies Beispiel mag die große dichterische Klugheit veranschaulichen, die Gabe der Verdichtung, welche die Vorbedingung aller Dichtung ist.

Hier sind ein paar weitere Beispiele für diese gleichsam in Kurzschlüssen sich bewegende Denkweise und die ihr eigene Hintergründigkeit: So schreibt Brecht über Deutschland im Jahre 1933:

»Hörend die Reden, die aus deinem Hause dringen, lacht man.
Aber wer dich sieht, der greift nach dem Messer.«

Oder in einem Manifest gegen den Krieg an deutsche Künstler und Schriftsteller zu Beginn der fünfziger Jahre:

»Das große Karthago führte drei Kriege. Es war noch mächtig nach dem ersten, noch bewohnbar nach dem zweiten. Es war nicht mehr auffindbar nach dem dritten.«

Mit größter Genauigkeit ist hier in wenigen knappen Sätzen alles gesagt, was zu dem jeweiligen Thema überhaupt zu sagen war. Und die gleiche, schlagartig erhellende, hintergründige Kürze zeigt sich vielleicht noch überzeugender in der folgenden Anekdote, welche der amerikanische Philosophieprofessor Sidney Hook vor Jahren in einer Zeitschrift veröffentlicht hat. Brecht war in Amerika zur Zeit der Moskauer Prozesse und besuchte Hook, der damals zwar noch auf der Linken stand, aber bereits Anti-Stalinist und in die unter den Auspizien von Trotzky veranstalteten Gegenprozesse verwickelt war. Das Gespräch zwischen den beiden Männern drehte sich um die offenkundige Unschuld der Angeklagten. Brecht, wie es seine Gewohnheit war, sagte erst einmal sehr lange gar nichts. Schließlich brachte er einen Satz hervor: »Je unschuldiger sie sind, um so mehr verdienen sie, an die Wand gestellt zu werden.« Das klingt empörend, wenn einer nicht hören kann. Denn was hat Brecht gesagt?

»Je unschuldiger sie sind« – unschuldig woran? Doch offenbar unschuldig, wessen sie angeklagt sind, nämlich gegen Stalin konspiriert zu haben. Gerade weil sie das »Verbrechen«, dessen sie angeklagt waren, nicht begangen hatten, lag eine gewisse Gerechtigkeit in der offenbaren Ungerechtigkeit. War es nicht die Pflicht der »alten Garde«, Stalin daran zu hindern, die Revolution zu benutzen, um einen Verbrecherstaat zu errichten? Brecht hatte Glück; sein Gastgeber, trotz großer Schulung in dem, was man in Fachkreisen Logik nennt, verstand kein Wort; empört eilte er hinaus, dem Gast Hut und Mantel zu bringen und ihn vor die Tür zu setzen. Brecht, etwas verblüfft und vermutlich sehr erleichtert, verließ das Haus schweigend. Er hatte nicht die Absicht gehabt, mit der Partei zu brechen; es wäre ihm beinahe gelungen. Aber sein Glück hatte ihn nicht verlassen.

III

So also ungefähr sieht der Mensch aus, der hinter dem Dichter stand. Im Besitz einer durchdringenden, untheoretischen, hintergründigen Klugheit, nicht schweigsam, aber ungewöhnlich verschwiegen und reserviert, immer bedacht, Distanz zu halten, und vermutlich auch ein wenig schüchtern, ganz uninteressiert an sich selbst, aber von großem Wissensdurst – »der wissensdurstige Brecht«, wie er sich selbst in dem Salomon-Lied der *Dreigroschenoper* genannt hat –, dabei vorerst und vor allem ein Dichter, also einer, der sagen muß, wo andere verstummen, und sich darum hüten muß zu reden, wo alle reden. Sechzehn Jahre war er alt, als der Erste Weltkrieg ausbrach, und im letzten Kriegsjahr wurde er noch als Sanitäter eingezogen. So bot ihm die Welt zuerst den Schauplatz eines Massakers, das in der Öffentlichkeit mit leeren Phrasen und hochtrabenden Tiraden begleitet war. Seine *»Legende vom toten Soldaten«* geht auf den Kommentar des Volkes über die Aushebungsmethoden des letzten Kriegsjahres zurück – »Man gräbt die Toten aus« –, und die Ballade ist das einzige Kriegsgedicht des Ersten, das in die deutsche Literatur gehört, so wie sein *»Kinderkreuzzug«* (1939) das einzige des Zweiten Weltkriegs ist, dem diese Ehre gebührt.

Was aber für seine frühe Dichtung entscheidend wurde, ist weniger der Krieg selbst als die Welt, die aus ihm hervorging. Und diese Welt hatte eine Eigenschaft, die, wenig beachtet, von Sartre nach dem Zweiten Weltkrieg wie folgt beschrieben wird: »Wenn die Werkzeuge zerbrochen und unbrauchbar, die Pläne vereitelt und Anstrengungen sinnlos geworden sind, zeigt sich die Welt in einer furchtbaren, kindlichen Frische, als schwebe sie zusammenhanglos im Nichts.« (Die vierziger und fünfziger Jahre in Frankreich ähneln in manchem den berühmten zwanziger Jahren in Deutschland. Was sie beide kennzeichnet, ist der Traditionsbruch als vollendete Tatsache im Politischen, im Kulturellen und in der Gesellschaft.) Was Brecht anlangte, so hatten vier Jahre unerhörter Zerstörung die Welt blankgefegt, gereinigt von allem, woran sich Menschen gemeinhin halten, einschließlich kultureller Ziele und moralischer Werte; alle Spuren waren überspült, die alten Gedankenwege, die alten Maßstäbe, die alten Wegweiser für Sitten und Gebräuche waren vernichtet. Es war, als sei die Welt für einen kurzen Augenblick so unschuldig und neu wie am ersten Tag. Nichts schien geblieben als die Reinheit der Elemente, die elementare Verbindung von Erde und Himmel, von Mensch und Tier, die Unschuld des schieren Lebendigseins. Den Wundern des Lebens jenseits aller Zivilisation galt Brechts erste Liebe, all dem, was die Erde in ihrem bloßen Dasein zu bieten hat. Die »furchtbar kindliche Frische« spricht aus allen Helden der *Hauspostille*, aus der mörderischen Unschuld seiner Piraten, Abenteurer und Kindsmörderinnen, aus dem »verliebten Schwein Malchus« und aus Jakob Apfelböck, der »erschlug den Vater und die Mutter sein« und lebte friedlich weiter wie »die Lilie auf dem Felde«.

In dieser Welt, die mit allem, was Kultur und Zivilisation ist, scheinbar reinen Tisch gemacht hatte, war Brecht ursprünglich zu Hause. Will man ihn klassifizieren, so mag man sagen, daß Erfahrung und Neigung ihn zum Anarchisten prädisponierten, aber man kann nicht behaupten, daß er, wie etwa Benn in Deutschland oder Céline in Frankreich, zu denen gehört, die von Verwesung und Tod als solchen fasziniert waren. Brechts Gestalten aus dieser Zeit: die gefallenen und die ertrunkenen Mädchen, die

Ophelia gleich langsam die Flüsse hinunterschwimmen, bis Tang und Algen, Pflanzen und Tiere ihre Leiber aufnehmen in den klaglosen Frieden der von Menschen unberührten Natur; die Freunde im Dschungel »wie zwei Kürbisse ... verfault, doch an einem Stiel«; seine Abenteurer »von Sonne krank und ganz von Regen zerfressen / Geraubten Lorbeer im zerrauften Haar«; die »Mörder, denen viel Leides geschah«; und selbst noch Mazeppa in seinem Todesritt, »mit eigenem Strick verstrickt dem eigenen Pferde« – sie alle sind dem Leben treu und willens zu ertragen und zu genießen, was immer Erde und Himmel zu bieten haben, den Anfang wie das Ende. Herrlich sagt das die »*Ballade vom Mazeppa*«, deren beide letzten Strophen in den unsterblichen Schatz deutscher Dichtung gehören:

> »Drei Tage, dann mußte alles sich zeigen:
> Erde gibt Schweigen und Himmel gibt Ruh.
> Einer ritt aus mit dem, was ihm zu eigen:
> Mit Erde und Pferd, mit Langmut und Schweigen
> Dann kamen noch Himmel und Geier dazu.
>
> Drei Tage lang ritt er durch Abend und Morgen
> Bis er alt genug war, daß er nicht mehr litt
> Als er gerettet ins große Geborgen
> Todmüd in die ewige Ruhe einritt.«

Nirgends vielleicht hören wir die triumphierende Lebenslust der *Hauspostille* deutlicher als in diesem Todesgesang; aber wenn man sie nicht auch noch in den zynisch-sarkastischen Liedern der *Dreigroschenoper* hört und versteht, daß es ein Spaß ist zu leben und ein Zeichen von Lebendigkeit, mit allem seinen Spaß zu treiben, so wird man gerade die unmittelbare Volkstümlichkeit dieses Stückes nie begreifen. Nicht umsonst hat sich Brecht so unbekümmert bei einer deutschen Villon-Übersetzung bedient, was die Gesetze leider Plagiat nannten: Er fand bei Villon die gleiche Liebe zur Welt, die gleiche Dankbarkeit für Erde und Himmel, für das schiere Geboren- und Am-Leben-Sein, und Villon dürfte wohl der letzte gewesen sein, gegen solchen »Diebstahl« Einspruch zu erheben.

Der Gott dieser unbekümmert ruch- und rücksichtslosen Lebenslust heißt in unserer Überlieferung Baal und ist phönizischer Herkunft. Baal ist der Gott der Säufer, Fresser und Hurer. In dem »*Choral vom großen Baal*« feiert Brecht den nun allerdings Mensch gewordenen Gott, dem es auf dem Erdenstern gefällt – »Baal ist drein verliebt / Schon weil es 'nen andern Stern nicht gibt«. Zieht man das Gedicht in drei Strophen zusammen, so gilt von ihm, was von der »*Mazeppa*«-Ballade gilt – große deutsche Dichtung:

»Als im weißen Mutterschoße aufwuchs Baal
War der Himmel schon so groß und still und fahl
Jung und nackt und ungeheuer wundersam
Wie ihn Baal dann liebte, als Baal kam.

In der Sünder schamvollem Gewimmel
Lag Baal nackt und wälzte sich voll Ruh:
Nur der Himmel, aber *immer* Himmel
Deckte mächtig sein Blöße zu.

Als im dunklen Erdenschoße faulte Baal
War der Himmel noch so groß und still und fahl
Jung und nackt und ungeheuer wunderbar
Wie ihn Baal einst liebte, als Baal war.«

Wieder ist das Entscheidende der Himmel – der Himmel, der da war, ehe der Mensch war, und da sein wird, wenn er diesen Stern wieder verläßt, so daß ein Mann die kurze Zeit, die ihm auf diesem Stern gewährt ist, nicht besser verwenden kann als in der Liebe zu dem, was, solange er lebt, ihm ganz zu eigen ist. Es wäre verlockend, hieran anknüpfend von der Rolle des Himmels in Brechts Dichtung, vor allem in den wenigen, sehr schönen Liebesgedichten zu sprechen – von dem Sommerhimmel überm Pflaumenbaum und der Wolke: »Sie war sehr weiß und ungeheuer oben / Und als ich aufsah, war sie nimmer da« in der »*Erinnerung an die Marie A.*«; oder wieder von Wolke und Himmel in dem Kranichlied: »Daß so der Kranich mit der Wolke teile / Den schönen Himmel, den sie kurz befliegen« –, aber dies müssen wir schon den Leuten vom Fach überlassen. In unserem Zusammenhang gilt es nur zu erwähnen, daß es in Brechts Welt die

»ewige Liebe« natürlich nicht gibt, nicht einmal gewöhnliche Treue. Da herrscht nichts als die Intensität des Augenblicks, und wenn die Leidenschaft flieht, bleibt keine Liebe, nichts also, worauf ein Mensch sich verlassen könnte. Er ist den Leidenschaften so preisgegeben wie den Elementen.

Zum Gott einer wie immer gearteten gesellschaftlichen Ordnung eignet sich Baal offenbar nicht, und das Reich, über das er herrscht, ist von denen bevölkert, welche die Gesellschaft als ihren Abschaum bezeichnet – von den Parias, die außerhalb aller von Menschen gegründeten Ordnungen leben und daher eine unvergleichlich intensivere Beziehung zu der Sonne haben, die in majestätischem Gleichmut uns alle bescheint. Zum Abschaum der Gesellschaft gehörten seit eh und je die Seeräuber, die in Brechts großer Ballade jubelnd und singend unter einem azurblauen Himmel zur Hölle fahren:

»Von Branntwein toll und Finsternissen!
Von unerhörten Güssen naß!
Vom Frost eisweißer Nacht zerrissen!
Im Mastkorb, von Gesichten blaß!
Von Sonne nackt gebrannt und krank!
(Die hatten sie im Winter lieb)
Aus Hunger, Fieber und Gestank
Sang alles, was noch übrigblieb:
  O Himmel, strahlender Azur!
  Enormer Wind, die Segel bläh!
  Laßt Wind und Himmel fahren! Nur
  Laßt uns um Sankt Marie die See!«

Hier kommt ein anderes wesentliches Element dieser frühen Lyrik zur Geltung, der teuflische Stolz im Herzen von allen diesen Abenteurern und Vagabunden, der Stolz absolut unbekümmerter Männer, die wohl und nicht einmal widerwillig sich den naturverschworenen Elementen zum Untergang darbieten, aber niemals den Sorgen des täglichen Lebens beugen, geschweige der höheren Sorge um das Heil ihrer Seele. Die Weltsicht, mit der Brecht geboren war – im Unterschied zu den später aus Marx und Lenin destillierten Lehrmeinungen –, kommt mit aller wünschenswerten Deutlichkeit in zwei vollkommenen Gedichten zum Ausdruck, dem »*Großen Dankchoral*« und »*Gegen Verführung*«, die beide in die »Lektionen« der *Hauspostille* aufgenommen sind. Das erste ist formal genau Joachim Neanders »*Lobet den Herrn*« nachgebildet, und die letzte Strophe lautet:

»Lobet die Kälte, die Finsternis und das Verderben!
Schauet hinan:
Es kommet nicht auf euch an
Und ihr könnt unbesorgt sterben.«

Von den vier Strophen des Lieds »*Gegen Verführung*«, die das Leben nicht trotz, sondern wegen des Todes preisen, lauten die erste und letzte:

»Laßt euch nicht verführen!
Es gibt keine Wiederkehr.
Der Tag steht in den Türen;
Ihr könnt schon Nachtwind spüren:
Es kommt kein Morgen mehr.

Laßt euch nicht verführen
Zu Fron und Ausgezehr!
Was kann euch Angst noch rühren?
Ihr sterbt mit allen Tieren
Und es kommt nichts nachher.«

Ich kenne nichts im neueren Schrifttum, das sich inhaltlich diesen Versen an die Seite stellen ließe, weil nirgendwo sonst so klar zum Ausdruck kommt, daß Nietzsches Wort vom Tode Gottes weder notwendigerweise der Verzweiflung zu entspringen noch zu ihr hinzuführen braucht, daß vielmehr das Wegfallen der Furcht vor der Hölle mit dem Fortfall der Hoffnung auf Auferstehung nicht zu teuer bezahlt ist. Zwei einigermaßen vergleichbare Stellen seien erwähnt. In den *Brüdern Karamasow* spricht der Teufel in ganz ähnlichem Sinne zu Iwan Karamasow: »Jeder Mensch wird wissen, daß er ganz und gar sterblich ist, und er wird den Tod stolz und ruhig empfangen wie ein Gott.« Die andere Stelle ist Swinburnes Dank an

> Whatever gods may be
> That no life lives forever;
> That dead men rise up never;
> That even the weariest river
> Winds somewhere safe to sea.

Aber bei Dostojewski ist der Gedanke eine Eingebung des Teufels, und bei Swinburne steigt er aus Lebensmüdigkeit, aus dem Widerwillen gegen ein Leben auf, in das man um keinen Preis wieder »auferstehen« will. Bei Brecht allein ist der Gedanke, daß es einen Gott nicht gibt, von allen solchen Elementen frei: daß es kein Jenseits gibt, befreit von Furcht; das ist alles. Das Verständnis für diese Seite der Sache dürfte Brecht wohl dem verdanken, daß er in einer katholischen Umgebung aufwuchs; jedenfalls hat er gemeint, daß alles besser sei, als auf der Erde sein Leben mit der Hoffnung aufs Paradies und der Furcht vor der Hölle zu verbringen. Was in ihm gegen Religion rebellierte, wer weder Zweifel noch Begierde; es war Stolz. In seiner jubelnden Ablehnung aller Jenseitsspekulationen und seinen Preisgesängen auf Baal, den Gott der Erde, schwingt eine wahrhaft enthusiastische Dankbarkeit. Nichts, sagt er, kann größer sein als das Leben, das uns, so wie es ist, gegeben wurde – und solcher Dankbarkeit wird man kaum in dem, was man gemeinhin Nihilismus nennt, oder in der Reaktion gegen diesen, begegnen.

Damit will ich nicht behaupten, daß es keinerlei nihilistische Elemente in Brechts Werk gibt, und er selbst dürfte sich ihrer sehr bewußt gewesen sein. Einige, aus dem Nachlaß unter dem Titel »*Der Nachgeborene*« veröffentlichten Zeilen fassen das, worum es sich hier handelt, besser zusammen als ganze Bibliotheken der Geisteswissenschaftler:

> »Ich gestehe es: ich
> Habe keine Hoffnung.
> Die Blinden reden von einem Ausweg. Ich
> Sehe.
>
> Wenn die Irrtümer verbraucht sind
> Sitzt als letzter Gesellschafter
> Uns das Nichts gegenüber.

Von einem solchen »Irrtum« handelt *Aufstieg und Fall der Stadt Mahagonny*, Brechts einziges ausgesprochen nihilistisches Stück, und zwar von dem Irrtum, den er selbst gehegt und verbraucht hatte. Er bestand in der Meinung, daß die Dinge, die das Leben zu bieten hat: das Fressen und der Liebesakt, das Boxen und das Saufen, hinreichen, um ein ganzes Menschenleben bei Laune zu erhalten. Mahagonny, »die Stadt der Freude«, in der man alles »dürfen darf«, ist »zu ruhig«, »zu billig«; gewiß, »Herrlich ist das einfache Leben / Und ohnegleichen ist die Größe der Natur. / Aber etwas fehlt.« Wenn alles so weitergeht, wird man an Langeweile zugrunde gehen: »Warum soll einer nicht seinen Hut aufessen, / Wenn er sonst nichts, wenn er sonst nichts, wenn er sonst nichts zu tun hat?« Es bedarf schon eines Hurrikans, um »die Gesetze der menschlichen Glückseligkeit« zu entdecken; wo »nichts los ist«, kann man nicht leben, und der »Fortbestand des Goldenen Zeitalters« ist nur zu sichern, wenn die Leute einsehen:

»Wir brauchen keinen Hurrikan
Wir brauchen keinen Taifun
Was der an Schrecken tuen kann
Das können wir selber tun.«

In Furcht vor der tödlichen Langeweile eines nur genießenden Lebens endete die erste Begegnung des Dichters mit der Welt. Ein Jahrzehnt lang hatte er sich schwerelos, jubelnd und preisend durch den »Dschungel der Städte« treiben lassen, zu Hause in einer der großen Asphaltstädte der Welt, in der es sich gut träumen ließ von dem Dschungel aller Städte, von den fünf Kontinenten und den sieben Meeren, nichts und niemandem verhaftet als der Erde und dem Himmel, der Wolke und dem Baum. *Aufstieg und Fall der Stadt Mahagonny* zeigt den Augenblick an, in dem ihm zum Bewußtsein gekommen sein muß, daß solch herrliche Schwerelosigkeit zwar sehr vorteilhaft für das Gedichteschreiben ist, sich aber in jeder anderen Hinsicht als eine Sackgasse erweist, in der man es auf die Dauer nicht aushalten kann. Schließlich waren die Städte nur metaphorisch gesprochen ein Dschungel; in Wirklichkeit waren sie ein Schlachtfeld.

IV

Was Brecht zur Wirklichkeit zurückbrachte und seiner Dichtung fast tödlich wurde, war die Fähigkeit mitzuleiden, von der er vermutlich mehr, als ihm gut tat, mitbekommen hatte. In dem Gedicht »*An die Nachgeborenen*«, das von den »finsteren Zeiten« handelt, spricht er von dem Hunger, der herrschte, als er in die Welt kam:

> »Man sagt mir: Iß und trink du! Sei froh, daß du hast!
> Aber wie kann ich essen und trinken, wenn
> Ich dem Hungernden entreiße, was ich esse, und
> Mein Glas Wasser einem Verdurstenden fehlt?«

Das Mitleid gehört nicht zu den zahllosen Eigenschaften, die ein starker Charakter nach Belieben ein- oder auch ausschalten, mit denen er im Spiel der Welt nach Belieben spielen, sich in das Getriebe einlassen und auch wieder aus ihm zurückziehen kann. Mitleid ist eine Leidenschaft, und der Leidenschaften ist der Mensch nicht Herr. Nur eigentlich leidenschaftslose Menschen sind vollkommen souverän. Unsere Eigenschaften zeigen wir gerne vor, jedenfalls solange als wir des Beifalls der Welt einigermaßen sicher sein können; mit den Leidenschaften steht es anders, wir verbergen sie, auch wenn wir uns ihrer nicht zu schämen brauchen. Brecht jedenfalls hat kaum etwas anderes so sehr zu verbergen getrachtet als die Leidenschaft, an der er am meisten litt, die Leidenschaft des Mitleids. Und gerade um dieser Verborgenheit willen leuchtet sie uns so überzeugend aus nahezu allen seinen Stücken hervor. Selbst durch die zynischen Späße der *Dreigroschenoper* schallen die mächtigen, anklagenden Zeilen:

> »Erst muß es möglich sein auch armen Leuten
> Vom großen Brotlaib sich ihr Teil zu schneiden.«

Und bis zum Schluß blieben die dort gesungenen Spottverse sein Leitmotiv:

> »Ein guter Mensch sein! Ja, wer wär's nicht gern?
> Sein Gut den Armen geben, warum nicht?

Wenn alle gut sind, ist Sein Reich nicht fern
Wer säße nicht sehr gern in Seinem Licht?«

Leitmotiv in Brechts Werk ist die Versuchung, gut zu sein in einer Welt und unter Umständen, die Güte unmöglich machen. Der dramatische Konflikt in Brechts Stücken ist fast immer der gleiche: Diejenigen, die von Mitleid getrieben darangehen, die Welt zu verbessern, können es sich nicht leisten, gut zu sein. Was in keinem Geschichtsbuch über die Neuzeit steht, hat Brecht entdeckt, weil es für ihn selbstverständlich war: nämlich, daß alle Revolutionäre der letzten Jahrhunderte von Robespierre bis Lenin aus der Leidenschaft des Mitleids heraus handelten, aus jenem »zèle compatissant«, von dem Robespierre noch naiv genug war einzugestehen, daß er ihn zu den »Schwachen und Unglücklichen« drängte. »Die Klassiker«, sagt Brecht, »waren die mitleidigsten aller Menschen« (und in Brechts verschlüsselnder Sprache sind die Klassiker bekanntlich Marx, Engels und Lenin); sie unterscheiden sich von »unwissenden Naturen« dadurch, daß sie Mitleid sogleich in »Zorn verwandelten«, weil sie wußten, daß Mitleid das ist, »was man denen nicht versagt, denen man Hilfe versagt.« Man kann also das Mitleid loswerden, wenn man sich »in die Leidenden nicht, um zu leiden, versetzt, sondern um ihre Leiden zu beenden«. So kam Brecht zu dem gleichen Schluß wie Machiavelli, den er schwerlich kannte: Wer politisch handeln will, muß »lernen, nicht gut zu sein«. Und selbstverständlich ist die aus dieser Überzeugung folgende, scheinbar zweideutige Haltung zu dem Problem der Güte nicht anders mißverstanden worden als die Machiavellis.

Warum man in einer schlechten Welt nicht gut sein darf, ist das Thema der *Heiligen Johanna der Schlachthöfe*, diesem wunderbaren frühen Stück, in dem das Heilsarmeemädchen aus Chicago lernt, daß am Tage, an dem man die Welt verläßt, es mehr darauf ankommt, eine bessere Welt zu hinterlassen, als ein guter Mensch gewesen zu sein. Wir finden die gleiche herrliche Reinheit, Furchtlosigkeit und Unschuld der Johanna in späteren Stücken, in den *Gesichten der Simone Marchand*, die, ein Kind noch, unter der deutschen Besatzung von Jeanne d'Arc träumt; im *Kaukasischen*

Kreidekreis, in dem die menschliche Grusche dem Hilferuf nicht hat widerstehen können, denn »Schrecklich ist die Verführung zur Güte«, schrecklich aber auch, wenn man ihn überhört:

> »Wisse, Frau, wer einen Hilferuf nicht hört,
> Sondern vorbeigeht, verstörten Ohrs: nie mehr
> Wird der hören den leisen Ruf des Liebsten noch
> Im Morgengrauen die Amsel oder den wohligen
> Seufzer der erschöpften Weinpflücker beim Angelus.«

Wie man sich zu dieser Verführung stellen und wie man den mannigfachen Konflikten begegnen soll, welche Gutsein unausweichlich auslöst, sind die immer wiederkehrenden Themen in Brechts Dramen. Im *Kaukasischen Kreidekreis* läßt das Mädchen Grusche sich verführen, und alles geht gut aus. In *Der gute Mensch von Sezuan* wird das Problem in einer Doppelrolle gelöst: Shen Te, die gerne hilfreich ist, es sich aber leider nicht leisten kann, verwandelt sich tagsüber in ihren Vetter Shui Ta, der böse ist und das Geschäft rettet – »Gut zu sein und doch zu leben / Zerriß mich wie ein Blitz in zwei Hälften.« In der *Mutter Courage* ist Gutsein in der stummen Kattrin verkörpert, der eigentlichen Heldin des Stückes. Und die letzte der Schluß-Strophen aus dem Dreigroschenfilm dürften alle Zweifel an der Echtheit dieser Leidenschaft bei Brecht zum Verstummen bringen:

> »Denn die einen sind im Dunkeln
> Und die andern sind im Licht.
> Und man siehet die im Lichte
> Die im Dunkeln sieht man nicht.«

Seit der ungeheure Strom der Armen in der Französischen Revolution zum erstenmal die Straßen einer europäischen Großstadt überflutete, hat es viele unter den Männern der Revolutionen gegeben, die das Mit-leiden ins Handeln trieb und die wie Brecht sich dieser mächtigen Leidenschaft schämten und sie hinter wissenschaftlichen Theorien und kaltschnäuzigen Redensarten zu verbergen trachteten. Aber nur sehr wenige unter ihnen waren klug genug zu verstehen, was es bedeutet, daß die Geschichte von denen geschrieben wird, die im Licht sind, und daß der Spott des Vergessenwerdens und der Unsichtbarkeit sich noch an die hängt, die im Leben zu Schaden gekommen sind. Zu diesen gehörten nach Brecht die »Klassiker«:

> »Mitkämpfend fügen die großen umstürzenden Lehrer des Volkes
> Zu der Geschichte der herrschenden Klassen die der beherrschten.«

So steht es in der seltsam barocken Hexameterfassung des »Kommunistischen Manifests«, die Brecht unter dem Titel »*Über die Natur des Menschen*« in Anlehnung an Lukrez' Lehrgedicht von der *Natur der Dinge* plante und die ihm nahezu vollständig mißlang. Uns interessiert hier nur, daß ihn an der Armut nicht nur das physische Leiden empörte, sondern die Unsichtbarkeit der von ihr betroffenen Menschen; für ihn wie für John Adams war der Arme vor allem auch der Unsichtbare. Und diese Empörung mag neben Mitleid und Scham das Ihre dazu beigetragen haben, daß er begann, sich an die Lehre zu halten, die eine Zukunft prophezeite, in der das Wort von Saint-Just sich bewahrheiten würde: »Les malheureux sont la puissance de la terre.«

Ferner darf man wohl der Solidarität mit den Erniedrigten und Beleidigten die Tatsache zuschreiben, daß ein so großer Teil des lyrischen Werkes von Brecht in Balladenform verfaßt ist. (Er verfügte wie andere Meister des Jahrhunderts, z. B. W. H. Auden, über die für die Spätgekommenen charakteristische Facilität in der Beherrschung aller poetischen Stilarten, die ihnen eine große Freiheit des Ausdrucks gewährt.) Denn die Ballade – deren Ursprung nicht nur das Volkslied bildet, sondern auch die endlosen Strophen der Dienstbotengesänge mit ihren gefallenen Mädchen, treulosen Liebhabern und unschuldigen Kindsmörderinnen, die ins Wasser gehen oder auf dem Schafott enden –, sie hat von jeher den unmittelbarsten Kontakt mit dem präliterarischen, nur in der mündlichen Tradition aufbewahrten Schatz der Volkspoesie gewahrt. Es ist die Form, in der das Volk der Unsichtbarkeit und dem Vergessenwerden zu entrinnen trachtet und gleichsam auf eigene Faust versucht, sich auch ein Stückchen Unsterblichkeit zu sichern. Im Deutschen gerade liegt das Volkslied aller Dichtung zugrunde, wenn auch in der eigentlich großen Dichtung so transformiert, daß es kaum noch kenntlich ist. So klingt die Stimme der Dienstbotengesänge durch viele der schönsten deutschen Gedichte, von Mörikes »Früh' wenn die Hähne krähn / Eh die Sternlein schwinden« bis zu Hofmannsthals »Sie lag auf ihrem Sterbebett / Und sprach: Mit mir ist's aus / Mir ist zumut wie einem Kind / Das abends kommt nach Haus.« Die Ballade, bevor sie in Wedekinds Moritat einging, war schon so sehr zum Bestand der großen Dichtung geworden, daß sie viel von ihrer ursprünglichen Volkstümlichkeit eingebüßt hatte. Kein Dichter vor oder nach Brecht hat so viel dafür getan, ihr die Volkstümlichkeit zurückzuerobern und sie in ihrer ungeschminkten Derbheit zum Rang großer Dichtung zu erheben.

Fassen wir dies zusammen – die ursprüngliche Schwerelosigkeit und das aus ihr entspringende Verlangen nach Schwerkraft, nach einem verläßlichen Schwerpunkt, an dem man sich innerhalb der Welt orientieren kann; dazu das Mitleid, diese gleichsam animalische Unfähigkeit, den Anblick fremder Leiden zu ertragen, zu essen, wenn der andere hungert –, so ist der Entschluß, sich der Kommunistischen Partei zu nähern, unter den damaligen Verhältnissen nicht nur verständlich, sondern beinahe selbstverständlich. Wo anders hätte er denn unterkommen können? Dabei war für Brecht die Tatsache ausschlaggebend, daß die Partei nicht nur die Sache der Erniedrigten und Beleidigten anscheinend zu der ihren gemacht hatte, sondern daß sie im Besitz eines Kanons von Schriften war, die man studieren konnte, die scheinbar immer anwendbar waren und sich zum Zitieren beinahe so gut eigneten wie die Bibel. Nichts hat Brecht mehr entzückt, als daß man in diesem Chaos, in dem alle Traditionen untergegangen waren, sich doch noch an »Klassiker« halten konnte. Und zu all dem brachte ihn die Partei in die selbstverständliche Berührung mit dem, was sein Mitleid ihm ohnehin als Wirklichkeit vorgezeichnet hatte – mit Elend und Not.

»Bedenkt das Dunkel und die große Kälte
In diesem Tale, das von Jammer schallt.«

Nun brauchte er nicht mehr seinen Hut aufzuessen; er konnte sich nützlich machen. Es gab etwas zu tun.

Und dies ist natürlich genau der Punkt, an dem die Unannehmlichkeiten, die er sich selbst und die er dann auch uns, seinen Lesern, bereitete, ihren Ausgang nahmen. Kaum hatte er sich mit den Kommunisten eingelassen, da fand er auch schon heraus, daß es für die Veränderung der Welt nicht genügt zu lernen, »nicht gut zu sein«, daß man vielmehr lernen müsse, schlecht zu sein; daß es keine Gemeinheit geben dürfe, die man nicht zu begehen bereit ist, um die Gemeinheit aus der Welt zu bringen. Denn: »Wer bist du? / Versinke in Schmutz / Umarme den Schlächter, aber / Ändere die Welt: sie braucht es!« Diese Zeilen stammen aus der *Maßnahme*, dem einzig wirklich »linientreuen« Stück, das Brecht je geschrieben hat. Trotzky hatte noch aus dem Exil das Kernstück dieses Aberglaubens verkündet: »Wir können recht nur haben mit der Partei und durch sie, weil die Geschichte eine andere Möglichkeit, recht zu haben, nicht bietet.« Und Brecht erläutert dies wie folgt:

> »Denn der Einzelne hat zwei Augen
> Die Partei hat tausend Augen.
> Die Partei sieht sieben Staaten
> Der Einzelne sieht eine Stadt.
> ...
> Der Einzelne kann vernichtet werden,
> Aber die Partei kann nicht vernichtet werden,
> Denn sie ist der Vortrupp der Massen
> Und führt ihren Kampf
> mit den Methoden der Klassiker, welche geschöpft sind
> Aus der Kenntnis der Wirklichkeit.«

Ganz so glatt allerdings, wie nach diesen Versen zu urteilen, vollzog sich Brechts Bekehrung nicht. Er hat sich Widersprüche geleistet und offene Häresien, die er selbst von diesem militantesten seiner Stücke nicht fernhalten konnte oder wollte:

> »Laß dir nichts einreden
> Sieh selber nach!
> Was du nicht selber weißt
> Weißt du nicht.
> Prüfe die Rechnung
> Du mußt sie bezahlen.«

(Wie ist das? Hatte die Partei nicht eben noch tausend Augen und ich nur zwei? Sah die Partei nicht sieben Staaten und ich nur die Stadt, in der ich lebe?)

Aber das waren doch nur gelegentliche Entgleisungen, und als die Partei im Jahre 1929, nach Stalins Ankündigung der Liquidation der rechten und linken Oppositionen auf dem 16. Parteikongreß, anfing, ihre eigenen Mitglieder zu liquidieren, war Brecht linientreu genug, um zu meinen, die Partei bedürfe nun aber auch einer Rechtfertigung zum Liquidieren in den eigenen Reihen und zum Töten unschuldiger Menschen. In der *Maßnahme* wird gezeigt, wie und aus welchen Gründen gerade die Unschuldigen, die Menschlichen und die Hilfreichen daran glauben müssen; sie handelt von dem Mord an einem Genossen durch seine Kameraden, der ganz offenbar menschlich gesprochen der Beste von ihnen war. Weil er ein so guter Mensch ist, stellt sich heraus, daß er der Revolution im Wege steht und umgebracht werden muß.

Als dies Stück zu Beginn der dreißiger Jahre in Berlin uraufgeführt wurde, war alle Welt empört. Heute wissen wir, daß, was Brecht in diesem Stück sagt, nur der kleinste Teil der furchtbaren Wahrheit ist; damals aber, Jahre vor den Moskauer Prozessen, konnten dies nur wenige wissen. Und diese wenigen, die damals schon innerhalb und außerhalb der Partei erbitterte Gegner Stalins waren, waren natürlich außer sich darüber, daß Brecht ein Stück zur Verteidigung Moskaus verfaßt hatte, während die Stalinisten wiederum alles Interesse daran hatten, zu bestreiten, daß dies »Machwerk« irgend etwas mit den russischen Realitäten zu tun habe. So stellte sich heraus, daß Brecht es keinem recht gemacht hatte, und der Grund für diesen eklatanten Mißerfolg liegt auf der Hand. Er hatte das getan, was Dichter zu tun pflegen, wenn man sie in Ruhe läßt – er hatte die Wahrheit gesagt, jedenfalls das Stück Wahrheit, das man damals, wenn man nur sehen wollte, sehen konnte. Denn war es nicht bekannt, daß Unschuldige getötet wurden und daß die Genossen zwar noch nicht aufgehört hatten, ihre Feinde zu bekämpfen (das kam etwas später), aber kräftig angefangen, die eigenen Reihen zu lichten? Es war nur ein Anfang, und man pflegte die Vorkommnisse als Irrtümer oder revolutionäre Exzesse zu bagatellisieren. Brecht war klug genug, um zu sehen, daß der Wahnsinn Methode hatte, daß er nach bestimmten Regeln verlief, wiewohl er natürlich nicht voraussehen konnte, daß diejenigen, die vorgaben, ein Paradies auf Erden zu errichten, es mit der Errichtung der Hölle schon ganz hübsch weit gebracht hatten: daß es nämlich in der Tat keine Gemeinheit, keinen Verrat mehr gab, den die Parteibürokratie nicht bereit war zu begehen oder zu rechtfertigen. Brecht hatte die Regeln des infernalischen Spiels deutlich erkannt und schön (mit »wohllautender Stimme«) besungen, und natürlich hoffte er auf Beifall. Nur eine Kleinigkeit hatte er in seinem Eifer übersehen: daß nämlich die Partei verständlicherweise keine Absicht hatte, die Wahrheit bekanntzugeben, und dazu noch von einem ihrer prominentesten Anhänger. Es gibt eben in der Politik mit Dichtern immer Unannehmlichkeiten; in diesem Fall störte ein parteitreuer Dichter die Parteilinie, die eindeutig auf Betrug des Volkes und der Welt hinauslief.

V

In unserem Zusammenhang, in dem es darum geht zu zeigen, daß die wirklichen Sünden der Dichter von den Göttern der Dichtkunst gerächt werden, ist *Die Maßnahme* ein wichtiges Stück, und zwar weil es, künstlerisch gesehen, keineswegs schlecht ist. Es enthält hervorragende Songs, darunter das »*Reis-Lied*«, dessen gedrängte, hämmernde Rhythmen zu Recht berühmt wurden und auch heute noch »wohllautend« genug klingen:

»Weiß ich, was ein Reis ist?
Weiß ich, wer das weiß!
Ich weiß nicht, was ein Reis ist
Ich kenne nur seinen Preis.

Weiß ich, was ein Mensch ist?
Weiß ich, wer das weiß!
Ich weiß nicht, was ein Mensch ist
Ich kenne nur seinen Preis.«

Zweifellos ist der Inhalt des Stückes nicht nur moralisch anfechtbar, sondern schlechthin abscheulich, und dies um so mehr, als Brechts Humor ihn hier ganz im Stich läßt; hier wird kein Spaß gemacht. Und dennoch hat Brechts Dichterglück ihn damals nicht verlassen; er sprach die Wahrheit, wenn auch eine abscheuliche Wahrheit, mit der er Unrecht hatte, sich abzufinden. Dichterisch wurden Brechts Sünden zum ersten Mal nach der Machtergreifung der Nazis offenkundig, als er sich als Flüchtling mit den Realitäten des Dritten Reichs auseinanderzusetzen hatte. Die »Klassiker«, die ja nicht gut die Hitlerdiktatur hatten voraussehen können, konnten ihm dabei nicht behilflich sein; aber wie so viele, die damals wie heute ihre Sache ganz auf sie gestellt hatten, hielt er eigensinnig an der Meinung fest, daß sich alles aus ihnen erklären lassen müsse. Jetzt begann er zum ersten Mal zu lügen, und heraus kamen die hölzernen Dialoge in *Furcht und Elend des Dritten Reiches*, die gewisse spätere sogenannte Gedichte – weiter nichts als journalistische, in Verszeilen abgeteilte Prosa – vorwegnehmen. Brechts Schwierigkeit damals lag darin, daß es in Hitlers Deutschland weder Hunger noch Arbeitslosigkeit mehr gab, also doch jeder Grund für Brecht wegfiel, dagegen zu sein. Aus diesem Dilemma gab es einen Ausweg, nämlich so zu tun, als gäbe es Hunger und Arbeitslosigkeit, als ginge es gegen das Proletariat und nicht oder doch nicht eigentlich gegen die Juden (ein bloßer Vorwand der herrschenden Klasse natürlich), als stünde man mitten im alten, wohlbekannten Klassenkampf und als wäre die Rassenverfolgung eine optische Täuschung. Denn von Rasse war bei Marx, Engels und Lenin nirgends die Rede, und Antisemitismus war bestenfalls als der Sozialismus der Dummen bekannt, woraus nicht nur Brecht, sondern alle Kommunisten und nahezu alle Sozialisten schlossen, daß es so etwas eigentlich nicht gibt.

Typisch für die durchweg schlechten Gedichte, die Brecht in dieser Anfangszeit der Hitlerdiktatur schrieb, ist das »*Begräbnis des Hetzers im Zinksarg*«. Das Gedicht handelt davon, wie ein im Konzentrationslager zu Tode Geprügelter im plombierten Sarg nach Hause geschickt wird, wie das damals so üblich war. Brechts Hetzer hatte dies Schicksal erlitten, weil er »Zum Sattessen / Und zum Trockenwohnen / Und zum Die-Kinder-Füttern« gehetzt hatte – offenbar ein Verrückter, denn in Deutschland hungerte damals niemand, und das Schlagwort von der »Volksgemeinschaft« war keineswegs bloße Propaganda; gewiß, er hatte auch »zum Denken« aufgefordert, aber doch mehr nebenbei, und wenn einer schon so viel Unsinn gesprochen hat, braucht man doch nicht so viele Umstände zu machen, wenn ein bißchen Sinn dazwischenrutscht. Das einzige die Wirklichkeit treffende Element in dem Gedicht ist die Sache mit dem Zinksarg; daß man Menschen so entsetzlich zurichtete, daß man die Leichen verstecken mußte. Aber der Inhalt von Brechts Gedicht stimmt nicht mit dem Titel überein; es behauptet vielmehr, daß es so allen ergeht, die in diesem »System der Produktion«, also in dem kapitalistischen System, opponieren. Und das war eine klare Lüge. Eigentlich war es doppelt gelogen; denn nicht nur wurden in kapitalistischen Ländern Gegner gemeinhin nicht totgeschlagen und in plombierten Särgen nach Hause geschickt, Deutschland selbst war unter den Nazis keineswegs ein kapitalistisches Land – wie die Herren Schacht und Thyssen zu ihrem großen Kummer gerade erfuhren. Und was Brecht selbst betraf, so war er eben aus einem Lande geflohen, wo jedermann sich sattessen, trocken wohnen und die Kinder füttern konnte. Das war die Wahrheit, und diese Wahrheit einzugestehen, hat er sich lange gesträubt, mit dem Resultat, daß er eine ganze Reihe ungewöhnlich schlechter Gedichte schrieb.

So ging es ein paar Jahre lang, aber es war nicht das Ende. Die Jahre der Emigration, die ihn langsam, kaum merklich von dem Aufruhr der deutschen Nachkriegsjahre distanzierten, hatten eine außerordentlich belebende Wirkung auf seine Produktion. Was konnte friedlicher in den dreißiger Jahren sein als die skandinavischen Länder? Und was immer man gegen Los Angeles, seinem Asyl in den vierziger Jahren, einzuwenden haben mag, es ist nicht gerade berühmt für hungernde Kinder und bettelnde Arbeitslose. Langsam fing er an – und hätte es natürlich immer bestritten –, die »Klassiker« zu vergessen und sich Themen zuzuwenden, die mit Kapitalismus und Klassenkampf wenig zu tun hatten. Aus der Svendborger Zeit stammt die »*Legende von der Entstehung des Buches Taoteking auf dem Weg des Laotse in die Emigration*«, das zu den stillsten und tröstlichsten Gedichten unseres Jahrhunderts

gehört. Wie so viele von Brechts Gedichten ist es didaktisch –
Dichter und Lehrer leben in der Welt seiner Dichtung nahe beisammen –, aber die Lehre gilt der Weisheit der Gewaltlosigkeit:

»...: ›Daß das weiche Wasser in Bewegung
Mit der Zeit den mächtigen Stein besiegt.
Du verstehst, das Harte unterliegt.‹«

Das Gedicht war noch nicht veröffentlicht, als zu Beginn des Krieges die französische Regierung die Hitlerflüchtlinge in die Konzentrationslager einsperrte, aber im Frühjahr 1939 hatte Walter Benjamin es von einem Besuch bei Brecht nach Paris mitgebracht. Wie ein Lauffeuer verbreitete sich das Gedicht in den Lagern, wurde von Mund zu Mund gereicht wie eine frohe Botschaft, die, weiß Gott, nirgends dringender benötigt wurde als auf diesen Strohsäcken der Hoffnungslosigkeit. In dem Zyklus der *Svendborger Gedichte* folgt, wohl nicht zufällig, auf das Laotse-Gedicht der »*Besuch bei den verbannten Dichtern*«. Gleich Dante steigt der Dichter in die Unterwelt und begegnet dort den toten Kollegen, die gleich ihm mit den Mächten der Welt in Konflikt geraten waren. Fröhlich sitzen sie da beisammen, Ovid und Villon, Dante und Voltaire, Heine, Shakespeare und Euripides und vergnügen sich damit, dem Besucher gute Ratschläge zu geben. Da, plötzlich,

»..., aus der dunkelsten Ecke
Kam ein Ruf: ›Du, wissen sie auch
Deine Verse auswendig? Und die sie wissen
Werden sie der Verfolgung entrinnen?‹ – ›Das
Sind die Vergessenen‹, sagte der Dante leise
›Ihnen wurden nicht nur die Körper, auch die Werke vernichtet.‹
Das Gelächter brach ab. Keiner wagte hinüberzublicken. Der An-
War erblaßt.«   [kömmling

Da war es mit der Weisheit des Laotse zu Ende. Und erst wir wissen, daß Brecht sich keine Sorgen hätte zu machen brauchen.

Bemerkenswerter noch als die Gedichte waren die Dramen, die in den Jahren der Emigration entstanden. Ich habe den *Galilei* sowohl in New York in der sehr schönen Aufführung mit Laughton als auch ein Jahrzehnt später in Ostberlin gesehen, wo jede Zeile wie eine offene Kriegserklärung an das Regime klang und als solche verstanden wurde. Brechts Theorien über das Epische Theater verboten es ihm, individuelle Charaktere auf die Bühne zu stellen, und er hat sich an seine eigenen Vorschriften in den frühen Stücken mit Ausnahme der *Heiligen Johanna der Schlachthöfe* mehr oder minder gehalten. Davon ist nun in den späteren Stücken keine Rede mehr. Simone Machard, Mutter Courage und die Kattrin, das Mädchen Grusche und der Richter Azdak aus dem *Kaukasischen Kreidekreis*, Galilei, Puntila und Matti, sein Knecht – das alles sind große Gestalten, einmalig und zugleich vorbildlich und unvergeßlich. Die Stücke haben lange gebraucht, sich durchzusetzen, aber heute stehen sie auf dem Spielplan der guten Häuser in der ganzen Welt. Zweifellos verdankt Brecht diesen späten Ruhm wesentlich sich selbst und seinen außerordentlichen Leistungen als Regisseur und Direktor des Berliner Ensembles, in dem ihm zudem noch eine der großen deutschen Schauspielerinnen in seiner Frau, Helene Weigel, zur Verfügung stand. All dies aber ändert nichts an der Tatsache, daß alle Stücke, die er in Ostberlin auf die Bühne brachte, außerhalb Deutschlands geschrieben worden sind.

Mit seiner Produktivität war es aus; sie erlosch von einem Tag zum anderen, nachdem er endlich wieder zu Hause sein konnte. Hier muß es ihm schließlich aufgegangen sein, daß kein Zitat aus den »Klassikern« erklären oder rechtfertigen konnte, was da tagtäglich vor seinen Augen geschah. Er hatte sich in Verhältnisse begeben, war in sie vielleicht nur hineingestolpert, in denen Schweigen schon ein Verbrechen war, von gelegentlichen Lobpreisungen der Herrschenden gar nicht zu reden.

Brechts Probleme fingen mit dem politischen *engagement*, wie man heute sagen würde, an. Nur Dichter sein, nur die Stimme ertönen lassen, in der die Welt und das Wirkliche spricht und singt, genügte ihm nicht. Das gerade, was für ihn Wirklichkeit war, hatte ihn von der Realität der Zeit, in der er lebte, entfernt. War er nicht fast schon das geworden, was er am meisten verachtete: noch ein großer und einsamer Dichter, der die deutsche Tradition zu Ende dichtet? Hatte er nicht schon fast verspielt, das zu werden, was er wirklich sein wollte: ein Volkssänger, der, wenn es nötig ist, an der Straßenecke mit seiner Gitarre klimpert? Aber als er sich nun entschlossen in den sogenannten Brennpunkt der Ereignisse begab, hat er die dem Dichter eigentümliche Aura der Ferne nicht ablegen können und sich in der Wirklichkeit des eigentlich Politischen nie ganz ausgekannt, trotz aller scharfen Intelligenz und hintergründigen Klugheit. An Mut hat es ihm nicht gefehlt; es war nicht Feigheit, wenn er nicht mit einer Partei brach, die seine Freunde ermordete und sich mit seinem Feind verbündete, und es war gewiß nicht Dummheit, wenn er sich darauf versteifte, nicht verstehen zu wollen, was in seinem eigenen Lande wirklich geschah. Dabei hat er oft im Nachhinein eine erstaunliche politische Urteilskraft bewiesen, wie etwa in den Bemerkungen über Hitler in den Aufzeichnungen *Zu ›Der aufhaltsame Aufstieg des Arturo Ui‹*. Das Stück selbst wiederholt das Thema aus der *Dreigroschenoper* – Geschäftsleute und Gangster werden gleichgesetzt; aber in diesem Nachwort wendet sich Brecht gegen alle diejenigen, die Hitler entweder für einen großen Mann, eben einen »großen politischen Verbrecher«, oder für einen Dummkopf halten. »Sowenig das Mißlingen seiner Unternehmungen Hitler zu einem Dummkopf stempelt, so wenig stempelt ihn der Umfang dieser Unternehmungen zu einem großen Mann.«

Solche Einsichten waren damals wie heute selten, und es ist gerade die große Klugheit, die aus ihnen spricht, oft wie ein Blitz aus dem marxistisch-dialektischen Kauderwelsch, die es einem so schwer macht, Brecht seine Sünden zu vergeben oder sich mit der Tatsache abzufinden, daß sie ihn lange Zeit nicht daran gehindert haben, gute Gedichte zu schreiben. Sie haben sich an ihm erst zuletzt gerächt, als er nach Ostberlin ging, weil er dort sein eigenes Theater haben konnte – also jenem l'art pour l'art zuliebe, mit dem er dreißig Jahre lang auf erbittertem Kriegsfuß gestanden hatte. Jetzt war er wirklich zum ersten Mal mitten drin, in der Politik und in der Wirklichkeit, und jetzt ging ihm die Stimme aus. Er hatte erreicht, was er wollte, und bewiesen, daß es für Dichter nicht heilsam ist, sich da anzusiedeln, wo, wie man sagt, die Fetzen fliegen.

Dies ist es, was uns der Fall Brecht lehren kann und was wir bedenken müssen, wenn wir sein Verhalten heute beurteilen und ihm gleichzeitig den Dank zollen für all das, was wir ihm schulden. Was das Verhältnis des Dichters zur Wirklichkeit angeht, so hat Goethe recht – sie »sündgen nicht schwer«; man kann ihnen nicht die gleiche Verantwortung aufbürden wie gewöhnlichen Sterblichen. Sie müssen abseits stehen, und wären doch keinen Schuß Pulver wert, wenn sie nicht ständig versucht wären, sich zu exponieren, die dichterische Distanz aufzuheben und zu sein wie alle anderen. Auf diese Karte hatte Brecht alles gesetzt! Keine Ausnahme sein, keine Ausnahmestellung beanspruchen: dafür hat er sein Leben wie seine Dichtung riskiert. Auf dem Wege hat er gezeigt, was es mit den Lieblingen der Götter auf sich hat – »so reich an Gütern, reicher an Gefahr; / Sie drängten mich zum gabeseligen Munde, / Sie trennen mich, und richten mich zugrunde«.

Ich habe in diesen Überlegungen betont, daß wir den Dichtern einen weiteren Verhaltensspielraum zugestehen müssen als wir einander gewähren. Ich denke, daß dieser Vorschlag das Gerechtigkeitsgefühl vieler Menschen verletzt, und bin sicher, daß Brecht, wenn er noch unter uns weilte, der erste sein würde, heftig zu protestieren. In dem posthum veröffentlichten Buch *Meti* empfiehlt er ein Urteil gegen den »guten Mann«, der auf eine schlechte Bahn geraten ist. Nach Beendigung des Verhörs sagt er:

»So höre: Wir wissen
Du bist unser Feind. Deshalb wollen wir dich
Jetzt an eine Wand stellen. Aber in Anbetracht deiner Verdienste
Und guten Eigenschaften
An eine gute Wand und dich erschießen mit
Guten Kugeln guter Gewehre und dich begraben mit
Einer guten Schaufel in guter Erde.«

Ganz ähnlich hat sich Auden gelegentlich zu dem Fall Brecht geäußert. Er würde ihn an die Wand gestellt haben, aber nicht ohne ihm vorher das herrlichste Abendessen mit den erlesensten

Weinen serviert zu haben. Die Frage ist, ob die Gleichheit vor dem Gesetz, deren Norm wir im allgemeinen auch für moralische Urteile akzeptieren, wirklich absolut gilt. Ich denke nicht. Auch das Gerichtsurteil kennt bekanntlich den Gnadenakt, und allgemein ist zu sagen, daß, wo immer wir urteilen können, wir auch zu verzeihen imstande sind. Zu urteilen und zu vergeben sind in Wahrheit nur zwei Seiten der gleichen Sache. Aber diese beiden Seiten verkörpern entgegengesetzte Prinzipien. Die Majestät des Gesetzes fordert, daß vor ihm alle gleich sind – das heißt, daß nur die Taten zählen, nicht die Personen, die sie begangen haben. Der Gnadenakt rechnet umgekehrt einzig mit der Person. Kein Pardon verzeiht den Mord oder den Raub, verziehen wird nur dem Mörder oder dem Räuber. Auf Gnade kann nie die Tat rechnen, wohl aber der Täter, und aus diesem Grund nimmt man gemeinhin an, daß nur die Liebe die Macht habe zu vergeben.

Wie dem auch sei, wir vergeben um der Person willen, und während die Gerechtigkeit verlangt, daß vor dem Gesetz alle gleich sind, besteht die Gnade umgekehrt auf der Ungleichheit der Menschen – auf jener Ungleichheit, die macht, daß ein jeder Mensch mehr ist als alles, was er tut oder leistet. Darüber hat gerade Brecht in seiner Jugend, als er sich noch nicht die »Nützlichkeit« als höchsten Standard der Menschenbeurteilung zu eigen gemacht hatte, sehr gut Bescheid gewußt. In der *Hauspostille* gibt es die »*Ballade von den Geheimnissen jedweden Mannes*«, deren erste Strophe folgendermaßen lautet:

»Jeder weiß, was ein Mann ist. Er hat einen Namen.
Er geht auf der Straße. Er sitzt in der Bar.
Sein Gesicht könnt ihr sehn, seine Stimm könnt ihr hören
Und ein Weib wusch sein Hemd und ein Weib kämmt sein Haar.
    Aber schlagt ihn tot, es ist nicht schad
    Wenn er niemals mehr mit Haut und Haar
    Als der Täter seiner Schandtat war
    Und der Täter seiner guten Tat.«

In diesem Bereich der Ungleichheit gilt noch immer das römische Sprichwort: Quod licet Jovi non licet bovi. Nur ist dieser Spruch zu unserm Trost zweischneidiger Art. Ein Zeichen dafür, daß der Dichter die Privilegien, die ich hier vorschlage, in Anspruch nehmen darf, ist, daß es offenbar bestimmte Sachen gibt, die gerade er nicht tun darf – bei Strafe, nicht zu bleiben der er war. Die Aufgabe des Dichters ist es, die Worte zu prägen, mit denen wir leben können, und niemand wird sich zu diesem Zweck das aussuchen, was Brecht zum Preise Stalins schrieb. Aber die einfache Tatsache, daß er es fertigbrachte, schlechtere Verse zu fabrizieren als irgendein beliebiger Literat, der sich genau der gleichen Sünden schuldig gemacht hat, zeigt: Quod licet bovi non licet Jovi. Es ist eine Tatsache, daß bloße Literaten für ihre Sünden nicht mit Verlust der minderen Gaben, die sie ja auch haben, bestraft werden. Kein Gott stand an ihrer Wiege, kein Gott wird sich an ihnen rächen. Viele Dinge sind dem Ochsen erlaubt, die Jupiter verboten sind – oder vielmehr denen, die unter dem Schutz Apollos stehen. So bitter und zweischneidig ist der alte Spruch, wie wir an dem Beispiel des »*Armen B.B.*«, dem es nie eingefallen ist, sich selbst zu bemitleiden, sehen können. So schwer, können wir auch sagen, ist es, ein Dichter zu sein – in unserem Jahrhundert gewiß, aber vermutlich zu allen Zeiten.

Serie Piper:

Band 1   Hannah Arendt
         Macht und Gewalt

Band 2   Alexander und Margarete Mitscherlich
         Eine deutsche Art zu lieben

Band 3   Barbara Grunert-Bronnen (Hrsg).
         Ich bin Bürger der DDR und lebe in der
         Bundesrepublik

Band 4   Christian Graf von Krockow
         Nationalismus als deutsches Problem

Band 5   Weizsäcker / Dohmen / Jüchter
         Baukasten gegen Systemzwänge

Band 6   Aldous Huxley
         Die Pforten der Wahrnehmung
         Himmel und Hölle

Band 7   Karl Jaspers
         Chiffren der Transzendenz

Band 8   Robert Havemann
         Rückantworten an die Hauptverwaltung
         ›Ewige Wahrheiten‹

Band 10 Hans Albert
         Plädoyer für kritischen Rationalismus

Band 11 Friedrich Gulda
         Worte zur Musik

Band 12 Hannah Arendt
         Benjamin / Brecht

Band 13 Karl Jaspers
         Einführung in die Philosophie

Die Reihe wird fortgesetzt

R. Piper & Co. Verlag